Eurus

Notus

反逆罪

——近代国家成立の裏面史

将基面貴巳

Takashi Shogimen

Boreas

Zephyrus

岩波新書
2040

目　次

序章

反逆罪という問題

ダンテ『神曲』地獄篇，第 34 歌(ギュスターヴ・ドレ作)

なぜ、今、反逆罪なのか

一四世紀イタリアの詩人ダンテは、『神曲』地獄篇で、古代ローマの詩人ウェルギリウスに導かれて地獄の底へと降りてゆくさまを描いている。地獄の最深部には、ありとあらゆる裏切り者たちが氷漬けとなっている。その中央には三つの顔を持つ魔王が上半身だけを地上に表し、最悪の裏切り者三人を三つの口それぞれで嚙《か》み砕いている。その三人とは、イエス・キリストを裏切ったイスカリオテのユダ、そして古代ローマでユリウス・カエサル(ジュリアス・シーザー)を裏切り暗殺したブルートゥスとカッシウスである。

このようにダンテにとって最も深刻な罪とは、暴力や汚職、窃盗などではなく、裏切りであった。

裏切りには、家族や友人に対する個人的なものもあれば、異端や背教のような宗教的なものもある。政治的な裏切りであれば、それは「反逆」であり、犯罪の一種として法的カテゴリーに含められれば「反逆罪」となる。反逆行為および反逆罪は、通常、英語でトリーズン(treason)というが、この概念は裏切り(betrayal)の一種である。

世俗化した近代社会では異端や背教には、宗教が支配力を持った中世や近代初期ヨーロッパにおけるほどの切実さを感じることはない。また、結婚生活における不倫はもはや犯罪ではなく、社会的制裁の対象にすら(公人の場合を除けば)ならなくなった。いわんや反逆や反逆罪なぞ、いわば埃まみれの過去の遺物であって、人によっては、現代では顧みるに値しないものであるとさえ思うかもしれない。

しかし、その一方で、裏切り行為をさまざまな形で我々は日々経験しており、そのたびに心を痛めたり、怒りに身を震わせたりしている。それは私生活における不倫やビジネスにおける背信行為だけではない。実は、本書で問題としたい反逆罪についても同様である。

とりわけ戦争状態にある国では反逆罪が話題にのぼりやすい。たとえば、二〇二三年、ロシアのプーチン大統領は、前年二月に開始されたウクライナへの侵攻に関して国内での政府への批判を封じ込めるためであろう、国家反逆罪の最高刑を従来の禁錮二〇年から終身刑に引き上げる刑法の改正を行った。確かに国民総動員が求められるような非常時においては、一般に一致団結が必要不可欠とされ、いかなる裏切りも許されないものである。だが、反逆罪に対する関心は必ずしも戦争状態にない自由主義陣営の国々でも決して少なくない。

試みにX(旧ツイッター)で「反逆罪」をキーワード検索してみよう。メディアで話題になっている人物や団体に関して「国家反逆罪で逮捕・死刑にせよ」というような物騒なつぶやきを数分刻みで目にすることができる。これは日本語の場合に限らず、英語でも似たり寄ったりである。実際、二〇一七年からの大統領任期中、ドナルド・トランプの発言にはアメリカの連邦議会議員やトランプに批判的な全国紙を反逆者《トレイター》呼ばわりするのが目立ったことは記憶に新しい。

しかし、これらの発言はいずれも法的には全く意味をなさない。現在、日本には反逆罪という犯罪は存在しないし、アメリカ合衆国憲法における反逆罪の規定（第5章参照）に照らしてみれば、トランプの主張が法的に無効なのは明白である。

だが、反逆罪は厳密に法的なカテゴリーとしてのみ存在するわけではない。前述したように、英語にいうトリーズンとは法的なものだけでなく政治的な裏切りをも意味する。その意味では、SNSで誰かの行動を「国家反逆罪だ」と発言するのは、必ずしもそうした法的処分を主張しているのではなく、むしろ政治的に糾弾し非難しているのである。

ただし、そうした非難は、通常の批判とは比較にならない激情を伴っている点に注意すべきである。なぜなら、本書で論じるように、反逆罪とはもともとこの世で犯しうる最悪の犯罪とみなされてきたからである。したがって、いかにレトリックやメタファーにすぎないとはいっても、そうした言葉遣いに表れているのは最大級の非難なのである。このような言葉によって政治的に対立する陣営を糾弾することが一般に広く見受けられるのは、まさしく深刻な政治的分断の兆候にほかならない。

このように、反逆罪という概念はもっぱら法的なカテゴリーなのではなく、政治的レトリック上の武器としての性格を持つことに注目するならば、反逆罪とは何かを考察するにあたって、法学的に検討するだけでは不十分であり、政治思想的な観点からもアプローチする必要がある。

反逆罪のあいまいさ

政治思想的に反逆罪を捉えると、すぐさま直面する問題がある。それはあるイデオロギーの観点からは「反逆者」と見做される人物でも、対立するイデオロギー的立場にとっては「英雄」にほかならないということである。

たとえば、一九四四年に発生したドイツ国防軍将校によるヒトラー暗殺計画(いわゆる七月二〇日事件)で、クラウス・フォン・シュタウフェンベルク大佐がヒトラーの爆殺を試みたが失敗に終わった事件を考えてみよう。この事例は、ブライアン・シンガー監督の映画『ワルキューレ』(二〇〇八年)で描かれたことでも広く知られている。

いうまでもなく主演のトム・クルーズが演じたシュタウフェンベルク大佐は映画の中で悲劇の英雄として描かれており、戦後のドイツでは実際にも、ヒトラーへの抵抗運動の英雄として顕彰されている。

ところが、シュタウフェンベルク大佐を含む暗殺計画の主要関係者は、時の政府にとっては、他ならぬ反逆者だった。映画でも描かれたように、彼らは処刑されたり自決に追い込まれたりした。

このように、二つの異なる政治思想が鋭く対立し、どちらか一方を選択しなければならない局面において、一方の思想を選ぶことがもう一方の立場にとっては反逆者《トレイター》であることを意味する。究極的な忠誠心の対象を異にする「我々」と「彼ら」との間の闘争では、「彼ら」は「我々」にとって反逆者たらざるをえない。これこそが政治的分断の極限形態である。こうした分断が深刻化するなら、最悪の場合、内戦にまで至る可能性がある。

このような激しい政治的分断は、最終的には、支配権力を握ることに成功を収めた側が、権力の維持ないし奪取に失敗した側に対し、法的なプロセスを経て、反逆者というレッテルを貼るところに収束する。こうして、この世における最も深刻な犯罪として確定されるわけだが、反逆行為は、政治闘争において敗北した政治思想でもあることに注意を要する。

その意味で、反逆罪について歴史的に考察するには、法制史的な観点から犯罪として理解するだけでなく、ある特定の行為が反逆罪として法的に特定され処罰の対象となるに至った政治的背景を政治史（とりわけ憲政史）的な視点から描くことが重要である。しかも、そもそも反逆罪とは何かという問題について過去の思想家たちがどのように考察したか、法思想史や政治思想史の立場から跡づける作業も必要となろう。つまり、反逆罪は、法制史と政治史、そして法・政治思想史の三つの領域の接点であるといえよう。

本書の主なねらいは三つある。

第一に、反逆罪が近代国家の成立の一翼を担ってきたことを示すことである。つまり、本書は、反逆罪というレンズを通して英仏を中心とする近代国家形成のプロセスを観察する試みである。

支配権力にとって、その基盤を揺るがしかねない政治的危機とは、必ずしも前もって想定できるものとは限らない。反逆罪とは、支配権力を行使し続けようとする側が新たに想定外の危機に直面するたびに、同様の事態の再発を防止する目的で規定してきた法的カテゴリーである。その意味で、反逆罪の歴史を辿るには、法制史の領域にとどまらず、政治を視野に含めた憲政史をなぞるのが望ましい。そうすることで、反逆罪という法的カテゴリーの歴史を政治のダイナミックな過程の中に位置づけることが可能になるからである。そうしてはじめて、世俗権力が近代国家へと脱皮を遂げる過程に光をあてることも可能となろう。

第二のねらいは、反逆罪とは法的カテゴリーだけにとどまらず、いわばメタファーとして政治的レトリックでも用いられた概念であることを示すことである。反逆罪は、法律家の独占物ではなかった。しかも一六世紀以降、その名を歴史に残す政治思想家たちがそもそも反逆罪とは何かという根本問題を論じてきたのである。そのことを考慮に含めれば、反逆罪は法制史と政治思想史の接点をも構成するといえよう。

最後に第三のねらいとして本書が明らかにしたいのは、近代国家とは、かつて古代ローマや中世ローマ教会が占有した神聖不可侵性を奪取することに成功を収めることで成立した組織機構としての側面を持つということである。古代ローマも中世教会も神聖不可侵性を主張するにあたり、反逆罪を活用した。その後台頭した世俗権力としての近代国家が、擬似宗教的な神聖不可侵性を獲得するに至る歴史的過程こそが中世末期以来の反逆罪の歴史にほかならない。

以上のような構想のもとに、本書は、反逆罪の歴史を近代国家の形成との関連において、粗いスケッチを描くことを意図している。いうまでもなく、このような歴史叙述を詳細に展開しようとすればそれは膨大な作業を要し、とうてい一冊の新書に収めきれるものではない。しかし、反逆罪の歴史を通覧する書物が日本語ではいまだに存在しない現段階では、歴史的諸断面のスナップショットを提示するだけでも読者の便宜に供するところがあろう。

本書では、イングランド(及びブリテン)とフランスの歴史的展開に焦点を絞る。前者を中心に論述を進めるが、比較対照のために後者にも適宜言及する。そうすることで、それぞれの国に固有の歴史的伝統を浮き立たせると同時に、両国に共通する歴史的動向もある程度、明らかにできよう。

反逆罪を軸に展開する歴史は、文字通り血塗られた物語である。恐怖と悲惨さに彩られたエピソードの数々を、国家形成過程の一断面として物語ることで、近代国家のいわば暗黒面に光を当てることにもなろう。

だが、その暗黒面とは、反逆罪が政敵を葬り去るための奥の手として活用されたり、有罪となった人々に対して陰惨な処罰が執行されたりしたという醜い歴史的事実だけにとどまらない。それは支配権力が神聖不可侵な擬似宗教性を主張したことの裏面でもある。

丸山眞男は論文「忠誠と反逆」においてこう書いている。「政治権力が（中略）宗教的権威と合体して社会的忠誠を独占すればするほど、かえってその反面には、社会のさまざまの領域で発生する反逆のエネルギーもまた挙げてその政治的中核に向かって集中する可能性をつくり出すことになる」（傍点原文）。本書で論じる反逆罪の歴史とは、この丸山の指摘を、反逆される支配権力の観点から英仏両国を素材として歴史的に検証する試みである。

反逆罪を法制史的観点から見る限り、君主と国家の峻別が近代国家としてのメルクマールとして指摘されてきている。しかし、政治思想史的な観点からすれば、君主という人格的存在と国家という非人格的存在を峻別するだけでは近代国家の成立要件としては不十分である。すなわち、人格的存在ではなく、もっぱら非人格的な存在が主権的な主体として神聖不可侵性を占有するにまで至る必要がある。その歴史的プロセスを描くのが本書の目的である。

本書の構成

本書の論述は、第1章を例外として、反逆罪立法と裁判を主な叙述の対象とするが、その政治的背景や当時の政治思想的考察に関する素描を絡めながら進行する。

第1章は、第2章以降で論じる英仏両国の反逆罪の特徴を浮き立たせるためのモデルとして二つの理念型を解説する。それはローマ型とゲルマン型の二つである。古代ローマと中世初期ヨーロッパにおいて有力だった二つの異なる反逆罪の理解をスケッチすることで、中世盛期以降、次第にローマ型へ傾斜していった動向も把握しやすくなるであろう。

第2章では、一四、一五世紀に目を移し、英仏両王国での反逆罪をめぐる法的・政治的闘争の諸相を描く。特にイングランドの場合、一三五二年の反逆罪法は、それ以降の反逆罪立法のパラダイムを決定づけた点で重要である。

続く第3章は、一六世紀イングランドと一七世紀前半のフランスに焦点をあて、反逆罪という法的カテゴリーが急速に拡大したプロセスを跡づける。そうすることで絶対主義国家の形成過程の一断面を検討する。

反逆罪の歴史における大きな転換点に注目するのが第4章である。一六世紀イングランドで、反逆罪が法的カテゴリーにとどまらず、メタファー的に拡張され政治的カテゴリーとしても成立したことを論じる。その上で、イングランド内戦のクライマックスというべき国王チャールズ一世の処刑が反逆罪概念を一八〇度転換したことで、まさに成立途上にあった近代国家は君主という人格的存在とのつながりを断ち切り、非人格的な存在として自立し始めたことを検証する。

第5章では、反逆罪が国民意識、ナショナル・アイデンティティの形成にどのように関わったのかを考察することで、一七〇七年にイングランドとスコットランドが合同して成立したグレート・ブリテン王国における反逆罪の歴史は前章で論じた路線の上を走るものだったことを跡づける。その一方、一七世紀のイングランドと同様に、一八世紀末のフランス革命においても反逆罪が一大転換を遂げたことを検討する。

一八世紀には反逆罪をテコとして、英仏両国においてそれぞれ国民意識が醸成された結果、一般民衆の間に、ナショナル・アイデンティティにもとる人々を「国賊」として糾弾する傾向が生まれた。一般民衆が「国賊」を非難し社会的に排斥するようになったのである。近代初期を通じて誕生した近代国家は近代国民国家へと変質したのであるが、その歴史的過程の一翼を担ったのも反逆罪であった。

今日、自由主義圏の諸国では反逆罪で有罪になることはもちろん、起訴されることすらも極めて稀になったが、それとは対照的に、反逆罪のメタファー的用法に基づくレトリックが政治的言説で目立つようになり、政治的分断を象徴している。こうした状況にある現代世界、とりわけ日本の政治にとって反逆罪の歴史はいったい何を示唆するのか。この点に関するささやかな考察をもって本書を結びたいと考える。

第１章

反逆罪の起源

ユリウス・カエサル暗殺

1　二つの原型

ローマ型反逆罪

一九世紀末に歴史家のF・ポロックとF・メイトランドは共著で『イングランド法制史』全二巻を発表した。その大著の中で次のように記している。「反逆罪は円周が曖昧で一つ以上の中心点がある犯罪である」。どこまでを反逆罪の範疇に含めるのかは必ずしも明確でなく、反逆罪のたった一つの核心を見定めることも不可能だ、というのである。

この命題が具体的にどういうことを意味するのか、以下の論述を通じておいおい明らかにしたいが、本書で反逆罪の歴史を叙述するにあたり、まず反逆罪の二つの原型ともいうべきモデルについて解説しておきたい。

その二つの原型とは、ローマ型とゲルマン型である。

ローマ型の反逆罪とは一言でいえば、至高の支配権力が帯びる神聖不可侵性を蹂躙することである。他方、ゲルマン型の反逆罪は、何らかの忠誠関係が存在する状況で信義を裏切ることである。

まず、ローマ型について以下に敷衍《ふえん》しよう。

古代ローマでは、反逆罪に相当する概念に、内乱罪(perduellio)とマイェスタス毀損罪(crimen majestatis)の二種類があった。ふたつのうち、より古い概念である内乱罪とは内部の敵(perduellis)(これは外部の敵を意味するhostisと対をなす)に関わる罪である。ローマ的な意味での「敵」とは、戦争関係にある相手を意味した。したがって「内乱罪」という和訳に相当する行為は、主に共同体内部における戦争(つまり内戦)での敵に相当し、軍事的な意味合いが強かった。この内乱罪という概念の場合、敵によって脅《おびや》かされているのは共同体の安全である。

この内乱罪という伝統的な犯罪を取り込むようにして成立したのがマイェスタス毀損罪という概念である。これこそが、ローマ型の反逆罪概念の原型である。

古代ローマの歴史家タキトゥスはその著『年代記』で「マイェスタス毀損法(Lex Majestatis)」について記している。すなわち「誰かが軍隊を謀叛で、民衆を騒擾で、言いかえれば、公の職権を乱用して、ローマ国民の威光(majestas populi Romani)を汚損した場合がそうである。行為は告発されても、発言は処罰の対象とならなかった」(第一巻七二節。ただし岩波文庫版では「威光」の代わりに「尊厳」の訳語が用いられている)。

「マイェスタス毀損法」が規定する犯罪行為が損害を与える対象は、「マイェスタス」すなわち威光である。つまりローマ人民や皇帝の偉大さが脅かされているのである。内乱罪は基本的に共同体の安全に関わるものだったが、帝政期のローマではこれもマイェスタスを脅かすものであるとしてマイェスタス毀損罪に含められた。

ちなみに、煽動罪(seditio)は内乱罪に近接する概念であった。今日の英米法では、煽動罪とは非合法手段によって政府を転覆することを出版物などによって主張したり、そうした主張を行う組織に加入したりすることを意味する。古代ローマでも、集会などを通じて民衆暴動などを焚《た》きつけ公的秩序の攪乱を引き起こすことを意味した。明らかに共同体の安全に関わる概念だが、この煽動罪も内乱罪と同様、帝政期にはマイェスタス毀損罪に含められた。

「威光」という訳語をあてたマイェスタスというラテン語は、反逆罪の歴史におけるキーワードである。ところが、このマイェスタスという概念はいささか厄介である。なぜなら古代のローマ法に限って見ても明確な定義が存在しないからである。

のちに一六世紀に入って、フランスの政治思想家ジャン・ボダンが近代的な主権概念をはじめて提唱した際、その「主権」という語に相当するラテン語はマイェスタスだと記した。しかし、だからといって、マイェスタスを「主権」と訳しては、その語の内容を十分かつ正確にすくい上げることはできない。そのため、以下の論述では、マイェスタスというカタカナ表記を用いる。

では、そのマイェスタスとはいったいどのような概念なのだろうか。

オウィディウスのマイェスタス観

マイェスタス概念は、『変身物語』や『恋の技法』などで知られる帝政ローマ初期の詩人オウィディウスの作品にも登場する。未完に終わった『祭暦』は、オウィディウスがローマ暦の年中行事を韻文形式で歌ったものであるが、五月を扱った巻の冒頭にマイェスタスという女神の誕生についての一節がある。ここには、厳密に法的・政治的なマイェスタス概念ではなく、より一般的な意味が文学的表現をとって提示されている。

マイェスタスは、五月を意味するメンシス・マイユスというラテン語表現の語源を探る文脈で言及される。つまり、「マイユス」が「マイェスタス」と関係があるという説である。そこでオウィディウスは、マイェスタスという女神の誕生を物語る。

万物の起源は混沌状態だったが、そこから三つの元素、すなわち火、空気、土が生じた。続いて大地と海と空が現れ、太陽や月と星々も登場した。だが、この時点では大地が空に従属したわけではなく、星々が太陽に従ったのでもなかった。つまり、一切は平等だったのであり、神々でさえすべて対等で、彼らの間に上下関係は存在しなかった。

ところが、「名誉」と「尊崇」というふたりの神が結婚してひとりの女神を生んだ。これがマイェスタスである。誕生まもなくから、マイェスタスは、神々が住んだオリンポス山の高みに座し、紫色のガウンをまとって金色に輝いていた。マイェスタスの両側には「謙譲」と「畏怖」というふたりの神がたたずみ、他の全ての神々がマイェスタタスの威厳に畏敬の念を表するようになった。上下関係が新たに生じたのである。

その後、大地は巨大な怪物を生み出し天上界に送り込んで攻撃を仕掛けてくるが、これに対しローマ神話の主神ユピテルは、雷電の力でマイェスタタスを防衛する。神々によって守られたマイェスタタスは、それ以後も崇拝され続け、ユピテルの最も忠実な守護神としてその傍に座していた。こうしてマイェスタタスは平時にユピテルが王笏《おうしゃく》(すなわち支配権)を握り続ける上で重要な役割を担った。マイェスタタスは、地上に降りたのちも、ローマの支配者たちによって崇拝された——これが、オウィディウスによるマイェスタタス神話である。

オウィディウスが生きた帝政ローマ初期の政治状況にことさらに引き寄せて読まなくても、この文学的テキストに政治的な含意があることは明瞭であろう。まず明らかなのは、マイェスタタス誕生以前には、神々は平等だったが、誕生以後にはマイェスタタスを頂点として上下関係が生まれたということである。

しかし、それは、マイェスタタスが自ら積極的に働きかけたためではない。マイェスタタスはむしろ受動的な存在である。生まれたのちは、オリンポス山の高みに荘厳な姿で座っているだけであり、巨人からの攻撃にもユピテルによって守られ、その後はユピテルの傍らに鎮座する。天上では神々によって、地上でもローマの支配者によってもっぱら崇拝される存在であって、その態度はいつも受け身である。

このように受動的な存在だとはいえ、マイェスタスはただ鎮座しているだけで、他の神々や人々から反応を引き出す。その反応とはマイェスタスを崇敬することであり、まさにその結果として上下関係が生じるのである。そもそもマイェスタスの生みの親は「名誉」と「尊崇」だったが、名誉を保持する主体なら他者が尊崇するものである。このことからも、マイェスタスが崇敬の対象となる理由は明らかである。

その上、オリンポス山でマイェスタスの両側にいたのは「謙譲」と「畏怖」である。これはマイェスタスを適切に崇拝する人であれば慎み深くなるのに対し、マイェスタスを崇拝しない人は恐怖感を抱くことを表現したものと見ることができる。このように、マイェスタスをめぐる上下関係とは、マイェスタスの威光を崇敬することに由来し、その結果、マイェスタスに従属する者は慎み深くなるが、そうでない者はマイェスタスに恐れをなすことになる、というわけである。

そのマイェスタスは、ユピテルの傍らに鎮座することで、ユピテルの王笏を守っているというから、マイェスタスは支配権そのものではなく、支配権を平時において維持するための必要条件である。その支配権を維持するのが「平時」だというのは実力行使を必要としない（sine vi）という意味である。ギリシャ神話の主神ゼウスは実力行使によって支配したが、ローマ主神ユピテルは、マイェスタスのおかげでその必要がなかった。だが、マイェスタスが危険に晒されたら、ユピテルは雷電を用いること（つまり実力行使）でマイェスタスを守り抜いたのである。すなわち、マイェスタスこそは秩序を生み出し維持する基本原理であり、だからこそ必要があれば暴力的手段を用いてでも守らなければならない存在だ、ということができる。

これが、オウィディウスの描いたマイェスタスであるが、こうした文学的表現を踏まえれば、その概念が法的政治的文脈に転用されたときにどのようなイメージが前提とされていたかを理解する上で有益であろう。しかも、それは古代ローマに限らない。中世以降、ヨーロッパの知識人にとって古代ギリシャ・ローマの遺産に基づく人文主義的教育は共通の知的文化的基礎だった。中世や近代初期の知識人にとっても、マイェスタス概念はローマ法的伝統にだけ由来したとは必ずしもいえない。オウィディウスのマイェスタス観をやや詳説した所以である。

「ローマ人民のマイェスタス」

共和政ローマの政治的な文脈においてマイェスタスという概念は、まず主体が客体に対して優位にある関係を意味した。それはローマ人にとって、神々と人間の間の関係に範を取るものであった。マイェスタスという語は、劣位にある人間に対して神々が優位にある相対的関係の表現として用いられていたのが、紀元一世紀には、優越性という絶対的な属性をも意味するようになった。こうして、ローマ人民(populus Romanus)の優越性を意味する「ローマ人民のマイエスタス」という表現として普及した。

その優越性とは他民族に対する優越性という意味だけでなく、ローマ人民という共和政ローマの政治共同体が持つ優秀な属性をも意味した。前者の意味では、たとえば外交文書に「ローマ人民のマイエスタス」という表現を見出すことができる一方、後者の意味では、平民が「ローマ人民のマイエスタス」を獲得、実現しようと、紀元前一世紀の政治家ガイウス・メンミウスが演説で情熱的に市民に呼びかける様子を、古代ローマの歴史家サルスティウスが描いている。

「諸君の父祖たちは権利を獲得しマイエスタスを確立するために、二度にわたって市を退去し、武装してアウェンティヌス丘を占拠した。諸君は父祖から受け取った自由のために全力を尽くそうとはしないのか。いや、父祖たち以上に熱心であるべきではないのか」(『ユグルタ戦争』第三一章。ただし引用元の岩波文庫版では「マイエスタス」に「至上権」の訳語が充てられている)

この「ローマ人民のマイエスタス」とはあくまでもローマ人民という団体、つまりローマという政治共同体に帰属するものである。したがって、たとえば政務官《マギストラトウス》(民会で選出される護民官や法務官、執政官などの政務や軍事における指導的役職)がマイエスタスを有するといっても、それは政務官個人の属性ではない。政務官がマイエスタスを独占する「ローマ人民」という政治共同体の役職であるから、政務官の地位にある人物がマイェスタスを持つことができると理解されていた。こうした背景に鑑みれば、古代ローマの歴史家リウィウスの『ローマ建国以来の歴史』が、元老院や執政官のような特定の役職に関してマイェスタスを論じる傾向が見られたのも首肯できよう。

このリウィウスによるマイェスタスへの言及について特に興味深いのは、執政官《コンスル》のマイェスタスが実力行使によらなければ保持できないという認識を示している点である。ここに「実力」とは束桿《そっかん》を持って執政官に付き添った警護員を意味している(第二巻五五節)。マイェスタスは場合によっては暴力を行使する者によって守られなければならないという考え方は、オウィディウスの描いた女神としてのマイェスタスがユピテルによって巨人の脅威から守り通されたイメージと重なる。マイエスタスは、それに逆らう人々からの攻撃に対して、実力行使の役割を担う者による保護をもっぱら頼りにする脆弱で受け身の存在なのである。

マイェスタスが保護を要する点では、護民官《トリブヌス・プレブス》も同様であった。護民官は、貴族に対抗して平民を代表し、貴族を代表する執政官の決定や元老院の決議に対して拒否権を行使することができた。そうした護民官には特権として、身体の神聖不可侵性が認められていた。この特権はのちにローマ皇帝によって吸収された結果、ローマ皇帝の身体が神聖不可侵性を獲得し、皇帝が占有したマイェスタスの一側面となった。

マイェスタス毀損罪

以上のようなマイェスタスという概念を、内乱罪という古い反逆罪概念と結び付けたのが、紀元前二世紀末の政治家サトゥルニヌスである。従来の内乱行為に、ローマ人民の「マイェスタス」を毀損するという側面を見出し、これを強調したのである。その結果、マイェスタス毀損罪により法廷で裁かれるケースが見られるようになった。

その後、平民派マリウスの台頭を閥族派《ばつぞくは》の指導者として抑えたスッラや、ポンペイウスとの対立に勝利してローマの実権を握ったユリウス・カエサルが、立法を通じてマイェスタス概念を取り上げた。カエサルの「マイェスタスに関するユリウス法(Lex Julia maiestatis)」は現存しない。しかし、ユスティニアヌス帝が編纂させたローマ法大全の中の『学説彙纂《ディゲスタ》』(五三〇年)に反逆罪への言及があり、その内容はカエサルの「ユリウス法」に依拠したと考えられている。それによれば、反逆罪とは「瀆神に極めて近いもの」であり、「ローマ人民に対して犯される犯罪」である。より具体的には、主に戦争に関わる行為である。すなわち、自国に対して武装蜂起したり、敵国と内通したり自軍から脱走したりすることなどが挙げられている。

処罰は極めて厳格なものであり「水と火の禁止」と呼ばれた。水と火の使用は文明的な生活に必要不可欠なものであり、それを禁止するとは具体的にはイタリアからの追放、市民権剝奪と財産没収を意味した。被疑者は、市民・奴隷を問わず、訊問に際して拷問にかけられることもあった。ただし、反逆罪の処罰が厳格だったとはいえ、死刑への言及はなかった。

急速に台頭したカエサルが暗殺者の凶刃に倒れたのちは、「尊厳なる者」を意味するアウグストゥスという称号で知られるオクタウィアヌスがカエサルの後継者となり実権を握った。このカエサルとアウグストゥスの時代は、共和政から帝政に移行しつつあった時期にあたるが、ちょうど同じ時期にマイエスタス概念も大きく変貌を遂げた。共和政の下でローマ人民という団体に帰属したマイエスタスは、帝政の下では皇帝とその家族に帰属するものへと変化したのである。それに応じて、反逆罪もローマ人民に対して犯すものではなく、皇帝(とその家族)のマイエスタスを毀損する行為として理解されることとなった。

アウグストゥスは政治家として絶大な成功を収めたが、家庭では娘や孫娘の不貞に悩まされた。娘のユリアが姦淫を犯した際、アウグストゥスは、彼女や姦夫をローマから追放しているが、この事件についてタキトゥスは次のように述べている。「彼(アウグストゥス)は、当時伝染していた男女間の淫らな関係に、神聖冒瀆とマイエスタス毀損という仰山な罪名をつけ、処罰するにあたって、しばしば祖先の寛大と彼自身の定めた法律の枠を越えたのである」(『年代記』第三巻二四節。ただし岩波文庫版では「マイェスタス」に「尊厳」という訳語が充てられている)。

さらに、アウグストゥスの治世以降、『年代記』(第一巻七二節)でタキトゥスが証言するように、中傷誹謗文書がマイェスタス罪の審理・処罰の対象に含められるようになった。その好例は、古代ローマの歴史家クレムティウス・コルドゥスの裁判である。クレムティウスはその著書において、カエサルを暗殺したブルートゥスとカッシウスを褒めたことで間接的に皇帝を中傷したという理由で反逆罪に問われた。この歴史家は元老院で自己弁明の演説をしたのち食を絶って自死した。元老院は彼の著書を焚書処分にしたという(『年代記』第四巻三四―三五節)。

後述との関係で最も注目すべきローマ法は、皇帝テオドシウスの没後、ローマ帝国が東西に分割されて登場した二人の皇帝アルカディウスとホノリウスが三九七年に公布したもの(Lex Quisquis)であり、ユスティニアヌス法典に収載されている。このローマ法は、反逆罪の処罰法を死刑と財産没収であると規定した点で、後代に大きな影響力を持った。財産没収という刑罰は、反逆罪で有罪となった者ではなくその息子たちを主な対象としている。つまり、反逆者の息子たちの「血は汚れている」ため死罪に値するところだが、寛大な処置として死罪を免除する代わりに父親の財産を相続できないものとした。その結果、息子たちは「永遠に貧しいまま」となるだけでなく、父親の悪名が常につきまとうため「名誉を受けることもない」。一言でいえば「死が安らぎとなり、生が死刑を意味する」ような境遇である。ただし、これは息子に対する処罰であって、娘の場合、母親の財産の一部を相続することができた。「女性の弱さ」のゆえに寛大な処置が必要だというのがその理由だった。

以上のようなローマ法における反逆罪を論じるには、前出のユスティニアヌス法典が史料として極めて重要であるが、これは、六世紀前半に東ローマ帝国で編纂されたものである。しかし、その当時は、四七六年に西ローマ帝国が滅びて以降、西ヨーロッパにゲルマン人による支配が確立されつつあった。それとともに、ローマ法はゲルマン人の部族法典に取って代わられていったが、ローマ法はゲルマン法にその痕跡を残した。現在のフランスからイベリア半島にかけて成立した西ゴート王国の法典をはじめとして、西ヨーロッパを支配したさまざまなゲルマン人の法典には大なり小なりローマ法の影響が見られたのである。

ただしイングランドにはローマ法の影響が及ばず、独自の慣習法が発展した。一〇六六年にノルマンディー公ウィリアムがイングランドを征服したのち、二世紀にわたってノルマン王朝は法制改革を行い、のちにコモン・ローという名で知られる法的慣行や原則が形成された。

そこで反逆罪の第二の原型であるゲルマン型へ目を移そう。

ゲルマン型反逆罪

ゲルマン型の反逆罪は中世ヨーロッパで広く見られたものであり、そのエッセンスは、信頼関係を裏切ることである。

ゲルマン型の反逆罪には大別して二種類ある。ひとつは、土地とそこに住む民に対する反逆罪であり、もうひとつは信義に反する行為としての反逆罪である。前者はドイツ語でランデスフェラート(Landesverrat)といい、後者の信義に反する反逆罪はトロイブルフ(Treubruch)という。

ランデスフェラートは、共同体への忠誠の侵害を意味した点で、古代ローマにいう内乱罪に似ている。ただし、想定される共同体はゲルマン的な特徴を有している。たとえば、ランデスフェラートが想定する共同体は必ず土地を有するが、その土地はある特定の部族が伝統的に住む、地理的に制限された領域を意味した。そこは部族法の支配下にある点で「土地」は法的な概念でもある。しかも、そこには必ず特定の部族が居住するため、「土地」とそこに住む「民」とはほとんど同義語といってよいほど密接不可分の関係にある。

また、元来、ゲルマン的伝統でランデスフェラートという概念が想定する共同体は必ずしも国ではない。むしろ部族内の血縁関係がその基本であり、それはたとえば親殺しもランデスフェラートという罪に該当したことに明白である。法制史では、近代に入って、ランデスフェラートは国事に対する罪を意味するのに対し、ホーホフェラート(Hochverrat)という概念が王家に対する犯罪であると区別されるようになったと説明される。だが、ランデスフェラートが「国事」すなわち「国」に反する犯罪を意味するという理解は近代ならともかく、中世のゲルマン的伝統に関しては必ずしも妥当しない。

ここに新たに言及した「ホーホフェラート」とはランデスフェラートと対をなす概念である。

国王が人格的な公的権威として、共同体から信託を受けて王国の利益のために支配する存在と認識されるようになるにつれ、ランデスフェラートに従来含められた罪のうち、共同体を体現する君主に危害を加えるケースだけが特別な地位を占めるようになった。こうしてホーホフェラートという概念が徐々に分離、独立したと考えられている。

ホーホフェラート概念の成立により、国王に対する反逆罪を特別扱いにするようになったことは、逆にいえば、そのほかの反逆罪を相対的に軽度の罪とみなすことを意味した。ここに、大逆罪(high treason)と小反逆罪(petty treason)の区分が生まれた(この区分については後述する)。

ゲルマン型反逆罪の典型としてのトロイブルフ

ゲルマン型の反逆罪概念に固有の性格は、信義に反する反逆罪を意味するトロイブルフという概念にもっとも明確である。トロイブルフに関して特に注目すべき事柄が二つある。そのひとつは、信義関係は正式な宣誓を伴うということである。ここで想定される信義関係は宣誓を通じて確立される特別な絆である。このことの含意として重要なのは、宣誓を行わない限り、たとえ相手が国王といえども忠誠義務は発生しないということである。正式に成立した信義関係が存在しなければ、反逆罪も犯しようがない。

注目すべきもうひとつは、信義関係にある個人間の人格的関係である。ランデスフェラートは共同体という団体に対する裏切りであり、その共同体を体現する国王に対する裏切りがホーホフェラートであるが、これらはいずれも公的な権威に関わるものであって、私的な人格的関係に基づくものではない。これとは対照的に、トロイブルフは人格的な信義関係の蹂躙を意味する。

たとえば、軍隊におけるリーダーと部下の関係における場合、リーダーがその地位にふさわしく勇気ある行動をとっている限り、部下は自分の名誉に賭けてもリーダーを模範として勇気ある行動を取らなければならない。したがって、軍事行動に際して怖気《おじけ》づいたり、脱走を試みたりすることは部下として信義に反することになり、これはトロイブルフと見做される。タキトゥスが『ゲルマニア』で記すように「いったん戦列についた以上、勇気において[扈従《こしょう》]に敗《ひ》けをとるのは長老の恥辱であり、長老の勇気に及ばないのは扈従の恥辱である。さらに、長老の戦死をさし措いて、みずからは生を全うして戦列を退いたとすれば、これ、生涯の恥辱であり、不面目である」(第一四章)。

この例に明らかなように、トロイブルフという反逆罪を犯す対象は国王とは限らない。信義に反するなら相手が国王でなくとも反逆罪を犯しうる。しかし、反逆行為の結果が多くの人々にも損害をもたらす場合、その反逆罪はいっそう深刻なものとなる。しかも、トロイブルフを犯す対象の個人が共同体を代表する公的権威である場合、トロイブルフであると同時にランデスフェラートとしての性格をも帯びる。

トロイブルフに対する処罰は極めて厳格である。再び『ゲルマニア』によれば「裏切りと逃亡犯は木に吊し、臆病もの、卑怯もの、あるいは恥ずべき罪(破廉恥罪)を犯したものは、頭から簀《す》をかぶせて泥沼に埋め込む」(第一二章)。

中世ヨーロッパ封建制の文脈で最悪の重罪といえば、まさにこのトロイブルフという意味での反逆行為であった。なぜなら封建社会は、上位者と従属者の間で宣誓によって結ばれる個人的な主従関係を基礎として築かれた社会だからである。臣従の礼という宣誓行為を経て、上位者と従属者はそれぞれ主君と封臣と呼ばれる立場となる。

ただし、封建的主従関係は無条件なものではなく、むしろ契約関係にすぎなかった。主君が封臣に対して果たすべき義務を怠る場合には、封臣には主従関係を正式に解消することが可能だったのである。すなわち、正規のプロセスさえ経れば、上位者に対して反乱を起こすことさえも正当とみなされた。封臣が正当に要求できる利益や権利を回復するため、主君への臣従の誓いを正式に撤回(diffidatio)すれば、それまで主君とみなした上位者を相手に挙兵することも反逆罪にはあたらなかったのである。つまり、反逆罪のゲルマン的概念とは、主従関係を不当に解消する行為だけを意味した。

しかし、これでは、服従しない行為一般を反逆罪とみなすことはできない。封建社会において戦乱が絶えなかった一因である。上位者の立場からすれば、従属者を常に服従するように仕向けるには、不服従一般を反逆罪とみなすことで、あらゆる反乱分子を厳罰に処すことができなければならない。さもなければ、上位者による支配を安定させることは期待できない。こうして封建的な主君・封臣関係を主権者と家臣の間の主従関係へ転換する必要が認識されるようになったのである。

ローマ型とゲルマン型を分かつもの

この要求に応える思想的伝統は古代ローマに存在した。マイェスタス概念を中核とするローマ型の反逆罪こそは、国王をそのほかの封建諸侯から区別し、王国における至高の支配者へと変質させるための重要な手段となる。

一方、前出のホーホフェラートは、特に君主と王族に対する反逆罪である点で、ローマ型の反逆罪であるマイェスタス毀損罪という考え方と親和性が高い。実際、西ローマ帝国が滅びたのち、マイェスタスというローマ的概念はゲルマン諸民族の王たちの関心を惹いた。

しかし、前述したように、ゲルマン型の反逆罪の根幹には信頼関係の蹂躙という考え方があった。信頼関係は封建社会における主従関係に見られるように、契約に似た双務関係によって特徴づけられる。したがって臣下は主君に対して義務を負うと同時に、主君もまた臣下に対して主君なりの義務を負うのである。

これとは対照的に、ローマ型反逆罪の一大特色であるマイェスタス概念は、上位者が下位者に無条件の服従を要求する。マイェスタスをめぐる主従関係は、下位者が片務的な服従義務を負うため、ゲルマン型の反逆罪概念とは相容れない関係にあるといってよい。こうしてみれば、ランデスフェラートから分離独立したホーホフェラートという概念は、マイェスタスと親和性がある点で、ゲルマン型の反逆罪概念としては内部に緊張を抱えるものだったといえよう。

そうした事情もあってか、中世初期のゲルマン法に対するマイェスタス概念の影響は限定的だった。たとえば、西ゴート王国統一法典の場合、ホーホフェラートをランデスフェラートから区別しているが、前者の国王に対する大逆罪は、国王のマイェスタスに対する毀損ではなく、あくまでも国王に対する背信行為として定義されている。しかも、国王自身に対する背信行為かどうかの判定は原則として国王に一任されているとはいえ、その反逆行為が、土地とそこに住む民に対する背信行為を含む場合はその限りではなかった。したがって、国王の一存で裁決を下すことはできず、そのほかの有力諸侯との合議を要した。つまり、ホーホフェラートはランデスフェラートから区別されているが、まだ自立するには至っていなかった。ホーホフェラートはまだゲルマン型の枠組みの中にとどまっていたのである。

ここまで論じた内容を約言すれば、反逆罪概念のローマ型とゲルマン型の間の相違点とは、ローマ型の中核にあるのがマイェスタスであったのに対して、ゲルマン型の核心には契約的な信義関係があったということである。本章の冒頭で引用したポロックとメイトランドに準《なぞら》えていえば、この二つの概念が反逆罪の「一つ以上の中心点」に相当する。

当然ながら、それぞれの反逆罪概念が想定する政治的権威への態度も極めて対照的となる。ローマ型反逆罪の中核であるマイェスタスは、下位者に上位者を尊崇し従順である態度を促す。下位者が上位者に対して片務的な忠誠義務を無条件に負うから、下位者には上位者をもっぱら信用することが義務付けられる。これは究極的には上位者を神の如くに扱うことに通じる点で、マイェスタスを基礎とする支配と服従は擬似宗教的な性格を帯びる。

これに対し、ゲルマン的な信義関係は、双務的な契約であって、下位者を拘束するのはその契約関係の基礎である法の支配という考え方である。双務的な契約関係であるから、下位者は上位者が契約を破る可能性があることを認識しているわけで、平たくいえば、上位者を必ずしも信用していない。これは擬似宗教的な態度とは正反対に、ドライでビジネスライクなものだと特徴づけることができよう。

2 中世キリスト教と反逆罪

英語とフランス語のニュアンスの違い

序章で述べたように、本書の歴史的叙述はイングランドとフランスを主な対象とする。そこで英語とフランス語における反逆罪という概念について手短に記しておこう。

英語で反逆(罪)に相当する語はトリーズン(treason)であるが、これに語源的に近いフランス語はトライゾン(trahison)である。一見したところ似通っているが、この二つは意味内容を異にするので注意を要する。英語の場合、支配者や国家に対する裏切りを意味する一方、フランス語の場合、その意味するところははるかに広く、友人や恋人同士のような同等者の間における裏切りをも含む。つまり英語では法的政治的なニュアンスが強いのに対し、フランス語の場合、裏切り一般を意味するわけである。

歴史的に言っても、フランス語のトライゾンは支配関係を必ずしも前提としない。たとえば、一三世紀フランスの慣習法学者フィリップ・ド・ボーマノワールはトライゾンについて、表面的には平静を装っているが内面において激しい憎しみをたぎらせていた結果、人を殺してしまうような状況で用いる語であると説明している。その具体例としては、休戦中にもかかわらず相手を攻撃したり、誰かを死罪や財産没収、国外追放にするため偽りの証言をしたりすることなどを挙げている。いずれも反逆(罪)というよりは背信行為と表現するのがふさわしい。

こうした事情を受けて、フランス語で反逆罪を論じる際には、レース・マジェステ(lèse-majesté)という別の表現を用いる。この字面から明らかなように、ローマ法にいうマイェスタス毀損のフランス語への直訳である。後述するように、フランスにおける反逆罪の理解にはローマ法学の影響が濃厚だったが、そうした事実は言語表現の側面にも如実に表れているといえよう。

このように用語法においても微妙な違いが英仏二国に限ってても存在する。しかし、以下の論述では、煩瑣を避けるために原則として「反逆罪」という用語を、本書が対象とする犯罪の一般名称として用いる。大逆罪やレース・マジェステなどの用語は、特定のタイプの反逆罪をクローズアップする必要がある場合に限って、適宜解説を加えつつ用いることとする。

イングランドでもフランスでも、反逆罪に関する際立った歴史的展開は一四世紀以降の中世末期にみられたので、この話題は次章に譲りたい。本章を結ぶにあたり、中世ヨーロッパ世界を普遍的に支配したローマ・キリスト教会にとって反逆罪がどのような意味を持ったのかについて瞥見しておきたい。

異端と反逆罪

中世初期ヨーロッパにおいてローマ法学が忘却されると共に、ローマ的な反逆罪概念の影響力は衰えたが、ゲルマン法典にローマ法学の限定的な影響が見られたことは前述した。その一方で、ローマ法的な概念やラテン語表現は、西ヨーロッパ世界に普及したキリスト教によっても継承されたことは付記するに値しよう。

紀元三八二年、ローマに滞在していた教父ヒエロニムスは、ラテン語訳聖書の校訂版を作成するよう、教皇ダマスス一世から依頼を受けた。およそ二〇年の歳月を経てヒエロニムスが完成させたラテン語訳聖書はウルガタという名称で知られる。

ウルガタの影響力は凄まじく、五世紀以降、中世初期の西ヨーロッパでスタンダードなテキストとして普及したが、その影響力の大きさの背景には、そのラテン語の訳文が当時の読者にとって明快だったことがある。その明快さは、ヒエロニムスがキケロやウェルギリウスの古典ラテン語ではなく、四―五世紀当時に普及していた言語表現を用いたことに由来する。特にローマの行政官や法律家が用いた法学的表現がウルガタのラテン語テキストに取り込まれた。

中世の知識人がウルガタを通じてローマ法学的な概念やラテン語表現に親しんでいたことは、中世盛期にあたる一一世紀後半にローマ法が再発見された際、ローマ法の研究を容易にした。こうしてローマ法研究は、いわゆる一二世紀ルネサンスの一翼を担い、さらに教会法学も飛躍的な発展を遂げることとなる。その結果、ローマ法の反逆罪概念は一三世紀のローマ法学者や教会法学者の著作に登場するようになった。

ここでは中世ローマ教会がローマ的な反逆罪概念を実践的に取り込むことを先駆的に試みた事実に特に注目したい。教皇インノケンティウス三世は、一三世紀はじめに教皇権力の強大化に成功したことでつとに有名であるが、この教皇は一一九九年の教皇教令ウェルゲンティス(Vergentis)で、異端を最も深刻な犯罪として法学的に定義することを試みた。そこでインノケンティウスが参照したのがローマ法の反逆罪法である。

しかし、一見したところ、異端と反逆罪は似ても似つかぬものである。ローマ法にみる反逆罪は主として皇帝のマイェスタスを毀損する行為であり、それは、前述の通り、敵国と内通し自国に対して武装蜂起したり、皇帝を中傷したりすることなどを意味した。一方、異端とは教会権威によって確立された正統信仰から逸脱することであり、もっぱら個人の内面に関わる事柄のように見えるかもしれない。

ところが、インノケンティウス三世はローマ的な反逆罪概念の中核であるマイェスタスに注目した。ローマ法が、皇帝のマイェスタスに対して危害を加えることを反逆罪とみなしたのをモデルとして、インノケンティウス三世は異端を神に対する攻撃であると理解した。つまり、皇帝に対する反逆罪は、この世におけるマイェスタスに対する攻撃であるのに対し、異端は永遠的なマイェスタスを毀損するものだ、というわけである。

しかし、だからといって、異端はこの世におけるマイェスタスと無関係ではない。反逆罪が皇帝のマイェスタスに対する攻撃であるのと同様に、異端は教皇のマイェスタスに対して危害を加える行為でもあるとインノケンティウス三世は論じた。なぜなら、教皇はキリストの代理人(Vicarius Christi)だからである。

しかも、異端が神のマイェスタスに対する攻撃であることから「キリストの神秘的身体」としての教会に対しても危害を加えるものだという主張を導き出した。キリスト教信仰はキリストに由来する以上、キリスト教信仰から逸脱することは、「キリストの神秘的身体」すなわち教会制度に攻撃を加えることを意味するというのである。

このように、異端が反逆罪と類比《アナロジー》的な関係にあるものとされた結果、異端に対する処罰も反逆罪の場合をモデルとすることとなった。ちょうどローマ法が財産没収を処罰に含めたように、異端者も財産没収の対象となった。ただし、ローマ法は反逆罪で有罪となった者を必ずしも死罪としなかったが、教会法は異端者の霊的・社会的生命を絶つと規定した。

ローマ教皇のマイェスタスと至高権

インノケンティウス三世が異端を反逆罪の一種であると主張したことは、いわば刑法上の論議にとどまるものではない。そもそもローマ皇帝がマイェスタスの占有を主張したことは、すなわち、ローマ皇帝が至高の支配権力であることの宣言に他ならなかった。マイェスタスを最高支配者としてのユピテルに寄り添う存在としてオウィディウスが描いたように、マイェスタスの占有を主張するローマ皇帝より上位にあって皇帝を裁くことのできる者はいなかったのである。したがって、インノケンティウス三世もこれと同様に、異端を反逆罪であると再定義することを通じて、ローマ教皇こそが至高権(superioritas)を持つと宣言したのに等しい。

「至高権」という訳語のラテン語表現であるスーペリオリタスは、のちに「主権《ソヴリンティ》」という用語へと転化する。このように「至高権」と「主権」の間には語源的関連があるが、概念的には力点に差がある。至高権という中世の概念は司法的なニュアンスが強い。実際、インノケンティウス三世の主要論点は、異端を反逆罪として裁決する司法権に関わっていた。しかも至高権の主張は、他の誰によっても裁かれないという主張を伴うのが常である。これに対し、近代初期における主権概念は立法的な側面に力点をおく。つまり主権とは何よりもまず、法を作る権力であることが強調される傾向がある。あえて「主権」ではなく「至高権」という訳語を用いる所以である。

ただし、念のために補足すれば、教皇が主張する至高権が主に司法権に関するものだったとはいっても、そのことは、立法的側面が全くなかったということではない。反逆罪としての異端に関して、教皇には、たとえ実定法に規定がなくとも、教皇の神学的知識だけに基づいて、ある命題を異端であると宣言する権限があった。その意味では教皇による至高権の主張には立法的側面もあった。

このようにしてインノケンティウス三世は教皇権力の拡大に成功を収めたが、その一方、一二〇二年の教皇教令ペル・ウェネラビレム（Per venerabilem）の中で「フランス国王は世俗的事項に関して上位者を認めない」と記している。世俗に関する事柄についてはフランス国王より上位にある者はいないことを、この権勢を誇った教皇でさえ認めているのである。ここには、フランス国王に対しても、そのマイエスタスを毀損することで反逆罪を犯しうる可能性が示唆されている。実際、一三世紀にはフランスだけでなくイングランドでもローマ法の影響のもとに、古代ローマ皇帝と同様、英仏国王に対しても反逆罪を犯すことが可能かどうかが法律家によって論議されるようになった。英仏両国共に、国王に対する反逆罪という概念が脚光を浴びる時代がいよいよ到来しつつあったのである。

第2章

中世末期の反逆罪

ウィリアム・ウォレス像(スコットランド，アバディーン)

1　世俗権力の台頭

エドワード一世

ゲルマン型の反逆罪モデルによれば、宣誓に基づく主従関係をキャンセルしたのちであれば、反乱すらも正当かつ合法とみなされたことを、前章で指摘した。ところが、一三世紀末から一四世紀初めにイングランドを支配した国王エドワード一世の場合、反乱を反逆罪の一環として取り扱うようになった。エドワード一世はウェールズやスコットランドを支配下に置くために政治的介入や軍事的侵攻を繰り返したが、そうする中でイングランド国王に対する反乱や軍事力の行使を反逆罪とみなしたのである。

この好例は、スコットランド反乱貴族ウィリアム・ウォレスの場合である。ウォレスは、メル・ギブソン主演の映画『ブレイブハート』(一九九五年)の主人公としてその名を広く知られている。エドワード一世によるスコットランド政策に対して抵抗運動を指導し、一二九七年のスターリング・ブリッジの戦いでイングランド軍に大勝した人物である。

一三〇五年にグラスゴーで捕縛されるに先立って法喪失宣告を受けていたため、正式に起訴されることはなく、ただ判決だけが申し渡された。ウォレスが犯したとされる犯罪は、殺人、含まれていた。

放火、強盗のほかに、戦闘行為において国王に対して反旗を翻し国王の殺害を企図したことが
ウォレスは、殺人、放火、強盗などの判決については認めるとしても、反逆罪を犯した覚えはないと主張した。彼は、エドワード一世に臣従の宣誓を行ったことがなかったからである。したがって、ウォレスにしてみればエドワード一世は自分にとって正当な主君ではありえなかった。ゲルマン型の理解に基づけば、主君ではない人物に対して反逆罪を犯すことはできないはずである。

一方、エドワード一世は、自分に臣従の宣誓を行ったスコットランド諸侯を、スコットランド全体の代表として理解した。つまり、ウォレスもスコットランド諸侯の一員としてイングランド国王エドワードの臣下であると主張したわけである。だが、それではウォレスがエドワード一世に対する臣従の誓いの存在を認識していなかっただけであって、誓いを破ったとはいえないという主張がありうる。だが、ウォレスがスターリング・ブリッジの戦いなどで国王エドワードに対する戦闘に参加したという事実を根拠として、エドワード一世はウォレスの有罪判決を主張した。

基本的に臣従の誓いがカギを握るという認識で一致していた点で、ウォレスに対する反逆罪判決は、明らかにゲルマン型に沿ったものだといえる。しかし、封建的臣従の義務の有無をめ

ぐって理解のすれ違いが見られたにもかかわらず、国王側が、ウォレスが戦闘に参加した事実を根拠としてその主張を押し通したところには、ゲルマン的な反逆罪の限界を突破しようとする意思を見てとることができよう。

フランスでは、「正当な反乱」なるものを認めない傾向が一三二〇年代以降強まり、臣従の誓いを撤回することすら反乱諸侯を法的に守ることができなくなった。一三世紀末から一四世紀初頭にかけて、ゲルマン的な反逆罪理解が英仏両国の政治において後退し始めたのである。

反逆者ウィリアム・ウォレスの処刑

反逆者として有罪となったウォレスの処刑は一三〇五年八月に執行された。それはまず、ウエストミンスターからロンドン塔を経て、中世ロンドンの公開処刑場として知られたスミスフィールドのエルムズへと、馬の尻尾に繋がれて引き回しとなることから始まった。そのルートは中世ロンドンの目抜き通りに相当し、受刑者をみせしめにするには最適だった。

処刑場に到着すると、受刑者が死なない程度に軽く首吊りにし、意識を失ったままの状態で腹を割き内臓を引きずり出して火の中に放り投げたあとで斬首した。こうして絶命したウォレスの身体は四つ裂きにされ、身体部位は各々ニューカッスル、ベリック、スターリング、パースの四箇所で、頭部はロンドンで晒された。映画『ブレイブハート』ではそのさわりしか描かれていないが、実際はおよそ比較にならないほど陰惨を極めるものだった。このように、馬による引き回しの上、首吊り、内臓抉《えぐ》り、四つ裂きの刑に処するのは、そののち五世紀近くにわたって継承される伝統となった。

反逆罪が重罪の中でも特別な地位を占めることは、ただ単に斬首ないし絞首刑となるだけでなく、引き回しや四つ裂きの刑が付け加えられたところに明らかである。

フランスでも事情は似通っていた。ただし、フランスで四つ裂き刑がはじめて執行されたのは一四世紀半ばのことであり、イングランドより半世紀ほど後のことである。また、イングランドでみられた内臓抉りの刑はフランスでは行われなかった。その一方で、生きたまま皮剝ぎにすることが論じられもしており、そのほかにも両手の切断や、受刑者を車輪に固定する車輪刑なども行われた。

このように残酷さを追求したのは、受刑者を見せしめとすることで、公開で行われた処刑を見聞する人々、とりわけ反乱を起こすだけの実力を有する貴族に対する警告となることを意図していたからである。反乱分子に対する抑止効果をそれほどまで重視したことの裏側には、反逆罪が特別に深刻な犯罪であるという認識があった。

たとえば一二世紀イングランドの人文学者ジョン・ソールズベリーはその主著『ポリクラティクス』で反逆罪を、政治共同体を腐敗させる深刻な病気だとみなしている。そもそも君主はこの世における神の代理人であり、反逆行為は瀆神的である。しかも、政治共同体を人体にたとえれば、国王は身体の各部位に指令を下す頭に相当する。その観点からすれば、反逆罪は身体から頭部を切断するに等しく、政治共同体全体にとって致命的である。したがって、反逆罪を犯す者は、あたかも外科手術を行うように政治共同体から切除されなければならないと主張した。

具体的な処刑法については、引き回しのうえ絞首刑に処することが既に一三世紀には提案されていた。特に、腹を裂き内臓を引き出して火中に投じる刑罰は中世の医学を背景としていた点で興味深い。すなわち、反逆的な思想とは人間の誕生と共に内臓の中に芽生えるものだという医学的見解に基づいており、そうした邪悪な思想は内臓と共に火で浄化されなければならないというわけである。

反逆者の内臓を抉り出すと同時に男性器を切除することもしばしば行われたが、それもまた反逆思想が生まれつきだという理解があったからである。つまり、反逆者の血は汚染されているという考え方の反映である。ちなみに、反逆罪で有罪とされた者が女性の場合は火あぶりの刑に処された。

ただし、一口に反逆罪といってもさまざまなものがあったため、刑罰は死刑とは限らなかった。妻が夫を殺したり、被雇用者が雇用主を殺害したりする家内的な裏切り行為も反逆罪（厳密には小反逆罪)に数えられた。国王に対して犯す反逆罪に比べて軽度の反逆罪は死刑の対象ではなかったが、さらしものにする刑罰から目を抉る刑罰などに至るまで、多様な身体刑が科された。

財産没収

反逆罪に対する処罰は、以上のような過酷な身体刑だけにとどまらなかった。反逆者で有罪となった諸侯からは、ローマ法以来の伝統である財産没収も広く行われた。イングランドでは、財産を全て没収することで受刑者の息子が永続的に相続できないようにすることが主張された。反逆罪で有罪となった人物の相続人にいっさい相続を許さなかったのはイングランドとフランスに共通だったが、こうした刑罰も、反逆者の血が汚染されている(血統汚損)という考え方の一環でもあった。仮に相続が許されることがあるとしても、それは権利ではなく、あくまでも恩赦によるものとされた。ただし、没収処分は娘たちには適用されず、母親の財産の一部を相続することが許された。フランスの場合、財産没収処分にこうした例外は認められず、反逆罪で有罪となった本人とその妻の動産・不動産ともに没収の対象となった。

こうして没収された土地は、その貴族が臣下として仕えた封建領主ではなく、国王に返上された点が特徴的である。国王が没収した土地をはじめとする財産は、しかし、国王政府の運営資金とはならず、むしろ有力貴族の忠誠心を確保するために、いわば賄賂として分与されたり、親族や主要な廷臣の収入を補充したりする目的で用いられた。

たとえば、反逆罪が疑われるケースを国王政府に通報した者は、没収された財産の分前に与《あずか》ることができた。一五世紀の事例となるが、ランカスター朝のイングランド王ヘンリー五世は英仏百年戦争で大きな戦果を収め、ノルマンディで没収した土地をイングランドに忠誠心を抱く諸侯に分与した。同じく一五世紀のフランスでも、賢明王として知られるシャルル五世が、没収財産を大いに活用して社会の各層から支持を取り付け、フランスにおけるイングランドの勢力基盤を掘り崩すことに成功を収めた。このように、自分の懐を痛めることなく国王が有力者の後援者となることで国王政府の支配力を強化するために、財産没収は必要不可欠だったのである。

とはいえ、反逆罪で有罪となった者から没収された財産の一部は、その死後に相続人に返還される場合があり、いったん没収された財産でも国王の赦しを懇願した結果として返却されたケースもあった。その一方で、ローマ法によれば、反逆罪に問われる者がすでに死亡している場合でも、起訴し有罪判決を下した上で財産を没収することは可能だった。ローマ法の影響が濃厚なフランスではもちろんだが、ローマ法の影響が限定的だったイングランドでも、既に死亡している者を財産没収に処す事例が見られた。

いずれにせよ、反逆罪による経済的制裁は、国王権力を強化するための経済的手段を提供した。反逆罪への処罰としての財産没収（と恩赦による一部返還）は、国王が封建諸侯やその他の有力者をてなずけるのに寄与したのである。

国王個人とは区別される「王冠」

ところで、一四世紀前半は、イングランドにせよフランスにせよ、まだ近代国家の体をなしていなかった。中世における王国（regnum）はいうまでもなく国王が支配する政治共同体であるが、その場合、王国という概念を国王個人とは区別した上で、国王個人に対するだけでなく、王国に対しても反逆罪を犯しうるという考え方が存在した。前章で説明したように、ゲルマン型理解にいうホーホフェラート（王家に対する犯罪）とランデスフェラート（共同体に対する忠誠の侵害）の区別である。

このランデスフェラートは王冠（the Crown）という概念によって象徴された。王冠《ザ・クラウン》とは、国王個人ではなく、国王という官職・役職が果たさなければならない義務を意味する。その結果、国王という官職を通じて、国王個人が王国を構成する諸侯の共同体との協力関係を結ぶことも含意した。その意味で政治的意思決定における究極的権威は国王個人ではなく、国王と諸侯の共同体にある。そのような国王と諸侯の絆を象徴するのが「王冠」だというわけである。

このように「王冠」ひいては王国を国王という個人と区別する考え方は、マグナ・カルタ以降の中世末期イングランドの君主政が封建的性格を強くとどめたことに由来する。これは、イングランドに固有のものではなく、中世末期のフランスでもみられた。

ただし、この思想は諸刃の剣である。国王個人を「王冠」から区別するなら、諸侯が忠誠心を抱くべきは、究極的には、国王個人なのか、それとも「王冠」なのか。国王個人がその義務に忠実なら、問題は生じない。しかし、国王個人が、国王という官職が果たすべき義務に反する行動をとるなら、それは王国の利益に反する。そのように判断できるような状況では、諸侯が服従すべき対象は国王個人ではなく「王冠」であると主張することができよう。義務を果たさない国王個人ではなく、国王が本来果たすべき義務そのものである「王冠」に忠実であることは王国の利益を守ることになるからである。こうして、国王個人への反乱の正当性を主張することも可能になる。

この論点は、前出のジョン・ソールズベリーも提示している。反逆行為が政治共同体を腐敗させるものであると彼が主張し、反逆者をあたかも外科手術のように切除する必要を説いたことは既に説明した。その一方で、ジョンは、暴君による暴政こそが「正義の身体(corpus iustitiae)」すなわち、神によって嘉《よみ》せられる政治共同体の共通善に反するものだという点で「究極の反逆罪」であると論じたのである。約言すれば、暴君とは「公然の敵」なのである。政治共同体の構成員にはすべて正義に奉仕する義務がある以上、暴君と化した国王を討たねばならない。国王と「王冠」や王国を区別する論理は、つきつめれば暴君殺害論の主張にたどりつくわけである。

このように、国王とは区別されるものとしての「王冠」に対する反逆行為は、共通善という思想をテコとして反乱を正当化しうる。しかし、その一方で、ゲルマン的な反逆罪を前提としつつ、共通善思想を持ち出すならば、封建諸侯による国王への反乱を抑圧する論理ともなりうる。なぜなら、封建諸侯が国王に対する臣従の誓いを正式に放棄すれば国王への反乱すらも正当化されるとはいっても、通常、封建諸侯が臣従の誓いをキャンセルするのは、自分の利益や権利が国王によって侵害された場合であり、それは諸侯の私的な利益にすぎない。王国の共通善を重視する観点からすれば、単なる私的利益にすぎない諸侯の主張を優先することは正当とはいえない、という議論が成り立ちうる。

こうした主張への反論としては、「反逆者」をゲルマン型反逆理解では正当とされる「反乱者」から区別する考え方がある。たとえば、中世フランス文学史で有名な武勲詩(chansons de geste)には、国王権力に対する封建諸侯の抵抗がしばしば描かれているが、そこで興味深いのは、国王の宮廷には追従者が少なくないことも描写されている点である。追従者たちが不正な助言を行うことで、国王が本来の義務に忠実であろうとするのを妨害するなら、国王が封建諸侯の権利を蹂躙することで不正を行うのは宮廷の追従者に責任がある。したがって、諸侯が王権に反旗を翻すのは、国王の権威を否定するからではなく、あくまでも宮廷から悪意に満ちた追従者を排除するだけにすぎない。その意味で、諸侯は反乱者ではあっても反逆者ではない。むしろ反逆罪に問われるべきは宮廷に巣食う追従者だ、という主張である。

この場合、封建諸侯は、国王権力の行使をチェックする位置づけになる。すなわち、正当な反乱というものが存在しうる余地をみとめなければ、国王による支配は国王個人の過失でなくてもその廷臣によるミスリードのために暴政に堕する危険をはらんでいるという認識を、ここに認めることができよう。

以上のように、反乱を正当化する論理は、封建的な主従関係に内包されていた上に、「王冠」を国王個人と区別する考え方からも導き出すことが可能だったのである。

エドワード二世の暴政

国王と諸侯からなる共同体の絆を象徴する「王冠」という理念には、国王権力が暴走する事態を警戒する姿勢を見出すことができるが、そうした憂慮は、父王エドワード一世の死去を承けて即位したエドワード二世の治世で現実となってしまった。その暴政は、シェイクスピアと同時代を生きたクリストファー・マーロウの演劇作品『エドワード二世』(一五九二年頃)を通じても広く知られている。

エドワード二世の治世は、国王が寵臣の専横を許した結果、有力諸侯の不興を買い、内乱が絶えなかった。国王の幼馴染で、フランス貴族出身のピアーズ・ギャヴェストンは国王の下で横暴をふるったため、諸侯や高位聖職者が追い落としを画策した。カンタベリー大司教を長とする改革勅令起草諸侯委員会は、一三一一年に改革勅令を公布し「公然の敵」であるギャヴェストンの追放を求めただけでなく、国王による恣意的な権力行使を厳しく制限した。国王はいったん追放に同意したが、のちに追放処分を取り消しギャヴェストンの帰国を許したため、諸侯はギャヴェストンを捕え、非公式に処刑した。

このような国内政治の混乱は、隣国スコットランドにとっては好都合だった。前述したように、エドワード一世によって跪くことを強要されたスコットランド諸侯は、ここぞとばかりに反撃に出て、一三一四年のバノックバーンの戦いで大勝し、一三二〇年のアーブロス宣言でスコットランドの主権を宣言した。こうして父王エドワード一世による対スコットランド政策は水泡に帰してしまったわけである。

一方、ギャヴェストンが処刑されたのちも、エドワード二世はヒュー・ディスペンサー父子を新たな寵臣として重用した。これにはついに王妃イザベラまでもが愛想を尽かした。フランス国王フィリップ四世の娘だったイザベラは、フランスへの外遊を機に、エドワード二世に抵抗を試みた貴族で王妃の愛人だったロジャー・モーティマーの支援を得て、一三二六年、軍を伴いイングランドへ上陸し、エドワード二世を廃位に追い込んだ。こうしてエドワード三世が即位し、イザベラは新国王が成人するまで摂政として実権を握った。

エドワード二世の寵臣ディスペンサー父子は反乱軍により捕縛された。二人の処刑は典型的な反逆罪の処刑法で行われたが、息子の場合、父が免れた内臓抉りと男性器切除が追加で行われた。小ディスペンサーの局部切除は、その家系の血が汚れているという宣告とは別に、エドワード二世との同性愛が疑われたことへの懲罰という意味合いがあったと推定されている。

他方、廃位されたエドワード二世は城に監禁状態だったが、イザベラの密命だったのだろうか、何者かによって殺されたと推定されている。その際、赤く熱した火箸を肛門に差し込む拷問が繰り返されたといわれている。

私権剝奪法

エドワード二世の治世も父王の時代と同様、反逆罪のケースが少なくなかった。だが、エドワード一世の時代には、もっぱら国王政府が反逆罪に問う立場にあったのに対し、エドワード二世の時代は、国王政府と諸侯の間の対立を背景として、議会の権威によりつつ、国王ではなく諸侯主導で反逆罪の判決を下す新しい展開が見られた。以下に敷衍しよう。

エドワード一世の治世に話を戻す。ウェールズ大公サウェリン・アプ・グリフィズはエドワード一世との戦いに敗れ、エドワードへの臣従を条件に大公の地位にとどまった。しかし、サウェリンが病死したのち大公を名乗った弟のダヴィズは、エドワード一世の支配に抵抗して反乱を起こしたものの、一二八三年に捕縛された。

エドワード一世はダヴィズに対して最も過酷な法的処分として反逆罪を望んだが、中世の法的慣習によれば、訴追者と裁判官は同一人物であってはならなかった。そこで議会を召集しダヴィズの反乱行為について討議させることで、訴追者の役割を議会に担わせた。反逆罪に相当するという議会の判断を受けて、エドワードはダヴィズに反逆罪の判決を下した。このように正式審理を行わないで(時には証拠すらないまま)有罪判決を下す(これをsummary justiceという)のが国王の立場からすれば最も単純かつ確実であった。これは、国王訴訟記録に記すだけで有罪判決を下す方法であり、エドワード一世と二世の時代に繰り返し用いられた法的手段だったし、フランスでも一四世紀半ばまでは同様だった。

これとは異なり、エドワード二世の治世には、私権剝奪法(act/bill of attainder)という新しい法的手段が反逆罪の関連で登場し、活用されるようになった。

私権剝奪法とは、重罪(通常は反逆罪)を犯したとされる個人(あるいはグループ)に関して、裁判手続による事実認定を省略して、その私権を剝奪する立法である。議会の承認を経て私権剝奪法が成立すると、その対象となる者の血統は汚れているとみなされ、財産没収に処された。没収された財産には、本人名義で所有しているものだけでなく、所有権を持たず単に使用しているものも含まれた。また、他人に贈与する権利はもちろんのこと、他人から財産を相続する権利も喪失し、没収された財産は国王の国庫に入った。裁判手続による事実認定を省略するので、私権剝奪の対象となる者の身柄が確保されている必要はない。しかし、私権剝奪された者が逃亡を諦めたり潜伏に失敗したりした場合は死刑となった。私権剝奪法の対象となったら最後、その個人と一族は法的には死んだも同然となったわけである。

私権剝奪法を実際に用いた結果とは、対立勢力の有力者をお互いに処刑しあう事態だった。審理をバイパスして「まず有罪判決ありき」の立法であるから当然のことだろう。後述するように、私権剝奪法は、一七世紀末に至るまで四世紀近くにわたって、政敵を葬り去るための究極的な政治手段として用いられた。没収された財産が再配分され、諸侯の支持を獲得するのに有効な術だったことはいうまでもない。その一方で、私権剝奪法の保留や撤回をちらつかせることで、政敵と交渉する場合もあった。いずれにせよ、私権剝奪法は議会の承認を必要としたから、議会を掌握した勢力にとって最強の切り札だったのである。

一九世紀英国の歴史家メイトランドらの古典的見解によれば、私権剝奪法は薔薇戦争の最中、一四五九年にランカスター派に敗れたヨーク公リチャードに対して用いられたのをもって嚆矢《こうし》とする。しかし、エドワード二世の治世にその起源があると指摘する研究もあり、ディスペンサー父子のケースがその最も初期のものだとされる。さらに、一四世紀後半以降、徐々に成立したという歴史家ジョン・ベラミーの見解もあり、その起源については諸説あることを付記しておく。

2　一三五二年の反逆罪法

一三五二年の反逆罪法

前述のようにエドワード三世は、父王エドワード二世の廃位を受けて即位した。彼の治世はイングランドの歴史において極めて重要である。エドワード三世の時代には、フランスとの関係が大きく変化しつつあった。一〇六六年のいわゆるノルマン征服によりノルマンディー公ウィリアムがノルマン王朝を開いて以来、イングランド国王はフランス国王に対して封建的臣従の誓いを立ててきた。ところが、エドワード三世はフランス国王に対する封建的臣従の誓いを破棄したにとどまらず、母イザベラがフランス国王フィリップ四世の娘だったことを根拠にフランス王位を請求した。英仏両国は以後、百年戦争に突入することになる。

しかし、ここで特に注目したいのは、このエドワード三世の治世がイングランド（およびブリテン）の反逆罪の歴史において画期を成した点である。一三五二年の反逆罪法こそは、それ以降の反逆罪に関する立法の礎石を成すものである。この法律が制定されるまで、反逆罪の定義は明文化されたことがなかっただけではない。それまで反逆罪はほかの重罪と明確に区別されていなかったのである。しかも、一三五二年の反逆罪法は驚くべきことに、現在もなお法的に有効である。

フランスには、この一三五二年の反逆罪法に相当するものが存在しない。フランスにも反逆罪に関する法は存在したが、どれも最も根本的な位置づけを与えられるには至らなかった。フランスの反逆罪をめぐる立法は、前章で紹介した「マイェスタスに関するユリウス法」をはじめとする、古代ローマの反逆罪法の解釈に基づくものだった。

イングランドで一三五二年一月に発効した反逆罪法は、しばしば「一三五一年の反逆罪法」として言及されるが、同一のものである。エドワード三世の統治年は各年の一月二五日から翌年の一月二四日までとされたため、一三五二年一月はエドワード三世の第二五統治年にあたる一三五一年の扱いとなったことに由来する。

エドワード三世がこの反逆罪法を制定したのはなぜなのか。この問題は歴史家の間で論争の的となってきた。なぜなら一三五二年という時点では、エドワードの権力基盤は盤石で、諸侯の反逆を恐れる理由はあまり存在しなかったからである。しかも、反逆罪をめぐって法学的な関心が高まっていた様子はなかったから、反逆罪を成文法化することで、その概念の整理を試みたというわけでもなかったと思われる。

むしろ注目すべきは、反逆罪の概念カテゴリーにどのような行為が含まれるかを先例に基づいて明らかにすることが、大諸侯に歓迎された点であり、政治的なメリットが大きかったことである。というのは、エドワード一世の治世以来、反逆罪が反対勢力に対抗する政治的武器として用いられるようになり、反逆罪の判決に恣意性が目立つようになっていた。そのことに諸侯は危機感を抱いていたからである。正式審理を行わず国王訴訟記録に記すだけで有罪判決を下す方法や私権剝奪法がエドワード一世と二世の時代に頻繁に用いられたことは、前述した通りである。しかも、反逆罪で有罪となれば、財産が没収となり、一族への経済的打撃は深刻である。しかし、反逆罪の定義が明示されれば、法的に疑わしいまま反逆罪で有罪となる危険性は薄まる。

このように大諸侯の不安をある程度解消したという意味で、一三五二年の反逆罪法の制定は、エドワード二世の治世に国王と諸侯との間で深まった亀裂を修復する試みの一環だったと理解することは可能であろう。一九世紀の歴史家ポロックとメイトランドが反逆罪をその「円周が曖昧」だと指摘したことは前章の冒頭で記したが、封建諸侯はこの曖昧さを問題にしたのであり、国王はそれに応えたという解釈である。

しかし、大諸侯が抱いていた不安を減じた一方で、一三五二年の反逆罪法は、反逆罪のカテゴリーに多様な行為を含めることで反逆罪による処罰の可能性を明確化し、国王権力と秩序の強化を図る政治的意図があったとも推定できる。当時は英仏百年戦争の最中であり、国王自ら遠征する機会が多かった。国王不在によるイングランド国内の秩序の不安定化を防ぐ必要に迫られたという推測は成り立ちうる。しかも、財産没収の刑罰を明記したことで、王室の国庫が潤うことも期待できたであろう。

だが、その一方で、何が反逆罪なのかを明確にすればするほど、国王権力の制約は増し、財産没収の可能性も狭まってくる。このように一三五二年の反逆罪が持つ政治的意義は両義的に見え、その制定意図を見定めるのは難しい。

大逆罪とは何か

この法律が明示した事柄の一つに、大逆罪と小反逆罪の区別がある。大逆罪は国王やその家族、および国王の周辺にいる有力者に対する犯罪である一方、小反逆罪は、妻が夫を殺したり、被雇用者が雇用主を殺害したりする家内的な裏切り行為である。前章で指摘したように、ゲルマン型反逆罪の伝統の中で形成された概念区分であり、国王と王家に対する犯罪をそれ以外の人々に対する犯罪から区別する点に特色がある。

大逆罪とは、まず「国王、王妃、または国王の後継者である長男の死を企んだり思い描いたりすること」と定義された。国王を死亡させる謀略や暗殺を実際に行動に移すことがその典型例であろうが、「企んだり思い描いたりする(compassing or imagining)」という表現はいささか曖昧で、多様な解釈が可能だった。この定義の拡大解釈が近代初期の反逆罪の歴史を特徴づけることになるが、この点は次章に譲る。

大逆罪にあたる第二の行為は、王妃や国王の未婚の長女、ないし国王の長男の妻を犯すことである。国王にとって最も身近な女性すべてを考慮に入れていない点で、ただ単に性的暴行を禁止するだけでなく、国王の血筋が「汚染」される危険から国王を守ることが意図されていると推定できる。

第三は、国王に対し、その王国領内で戦争を仕掛けたり国王の敵に援助を施したりすることで加担することである。ゲルマン型の反逆罪概念に従えば、国王に対して兵を挙げることは必ずしも反逆罪に相当しないことは、すでに論じた通りである。国王への臣従の誓いを正式に放棄すれば、正当に国王に反旗を翻すことが可能だったはずである。この第三の規定は、そうしたゲルマン型の反逆罪理念を否定している点で画期的である。ただし、国王に反旗を翻して挙兵することはすでにエドワード一世によって反逆罪とみなされていたため、エドワード三世の反逆罪法に見られる規定はエドワード一世の路線を継承したものであるといえる。

これら三種の行為はすべて国王や王家のメンバーの身体に危害を加える点で共通している。国王をはじめとする個人の身体への危害を禁じることを大逆罪の中核に位置づけるのは、ローマ型モデルに沿っていると解釈できる。前述のように、ローマ皇帝のマイェスタスはひとつには護民官の権威を吸収した結果であるが、貴族に対抗すべく平民によって選出された護民官には、その身体を神聖不可侵とする特権があった。これと同様に、国王の身体に危害を加えることを大逆罪とみなすのは、ローマ的なマイェスタス理念の影響と見ることができよう。

以上のほかに、王璽・国璽や貨幣を偽造したり、外国(とりわけルクセンブルク)から贋金を輸入したりすることや大法官や裁判官などを職務遂行中に殺害することも大逆罪に数えられると規定された。

王璽・国璽や貨幣の偽造を大逆罪に数えるのも、ローマ的な伝統に属する。古代ローマの貨幣に皇帝の肖像が彫られていたのと同様、中世イングランドの貨幣には国王の像が彫られていた。貨幣を偽造することは、この肖像の偽物を作ることで皇帝や国王のマイェスタスを傷つけることを意味したからである。王璽・国璽の場合も国王の姿が彫られていたので同様である。

このローマ的な性格は中世フランスにも見られた。貨幣の偽造はもちろんのこと、国王を象徴する印を、これを偽造するだけでなく蔑ろにするとみなされれば反逆罪に問われる恐れがあった。実際、国王軍の旗印《ペナント》を足で踏みつけにしたり、唾を吐きかけたり、剣や矢で貫いたりしたことが反逆罪で有罪になる理由となったのである。今日でも、国旗を踏みつけたり燃やしたりすることでその国民を侮辱することがしばしば見受けられるが、中世フランスでは反逆罪に相当する象徴的行為だったわけである。こうした事情は、ローマ的な反逆罪の理解がイングランドよりもフランスで一般的だったことを反映する。ただし、王璽・国璽や貨幣の偽造に関する限り、一三五二年の反逆罪法により、常に反逆罪と規定された点で、イギリスの方が法的に明確である。

一三五二年の反逆罪法では、議会に何らかの危害を加える場合や、国王権力を簒奪するケースは大逆罪に数えられていない。そもそも国王権力の簒奪を反逆行為とみなすのは、コモン・ローの伝統には存在しない新しい考え方だった。これは、前出の一三一一年の改革勅令では、エドワード二世の寵臣ギャヴェストンに対する有力諸侯の告発内容に含まれていたし、ディスペンサー父子に対する告発でも同様だった。ディスペンサー父子は、諸侯からの圧力でいったんは国外追放となったが、国王エドワードによって呼び戻されると、反対勢力の諸侯こそが国王権力を簒奪したと主張した。また、王妃イザベラと協力して、エドワード二世に引導を渡したロジャー・モーティマーに対しては、国王の側がモーティマーの反逆行為として国王権力を簒奪したことを挙げている。しかし、いずれにせよ、国王権力の簒奪だけを根拠として反逆罪で有罪となり処罰の対象となったケースはない。つまり、権力簒奪行為は、反逆罪で有罪判決を下す決め手ではなかった。

また、反逆の企てや行為について知っていながら国王政府に通報しないことは、反逆行為隠匿罪(misprision of treason)という名称で知られるが、これも一三五二年の反逆罪法には言及されていない。このミスプリジョンという英語は、一四世紀後半、特に公務上の義務不履行を意味したが、のちに反逆罪(やそのほかの重罪)に関連して隠匿罪という意味で用いられるようになった言葉である。一六世紀以降、反逆罪との結びつきが目立つようになった。

総じて、一三五二年の反逆罪法はその当時、国王政府が実際の事例に基づいて確実に反逆罪とみなした行為を列挙しているのにすぎず、少なくともそうした事態の再発を防止することを意図したものだと推定できる。あくまでも既存の反逆罪理解を明文化したにとどまり、将来起こりうる新たな事態を想定してこれに備えるための立法ではなかったともいえよう。

民衆による反乱

そうした限界は一四世紀が終わりを迎える前にすでに明らかとなった。そのきっかけは一三八一年の農民反乱(ワット・タイラーの乱)である。ワット・タイラーの率いる民衆が、人頭税の課税に抗議して武装蜂起したことに端を発する大規模な反乱である。イングランド南部のケントやエセックスで始まった反乱は急速に拡大し、ロンドンを占拠し、カンタベリー大司教で大法官でもあったサイモン・サドベリーやロバート・ヘイルズ財務長官を殺害するにまで至った。しかし、国王リチャード二世との直接会談でタイラーが殺害されたことをきっかけとして反乱軍は崩れ去った。

国王に対して武装蜂起し政府要人を処刑したのだから、一三五二年の反逆罪法にいう「国王に対し、その王国領内で戦争を仕掛けること」に相当するとして、反乱軍が反逆罪に問われても不思議ではなかったはずである。しかし、一三五二年の反逆罪法では民衆が蜂起して暴力的な抗議運動を展開することは想定されていなかった。「国王に対し、その王国領内で戦争を仕掛けること」を大逆罪として規定した際、暗黙の前提として、反逆罪を犯す主体は封建諸侯に限られていたのである。ここにもゲルマン的な反逆罪理解が有力だったことを認めることができる。ローマ型の反逆罪概念なら、至高の支配権力に服従するすべての者が、反逆罪を犯しうる主体として想定されるはずだからである。

実際、ローマ法の影響が濃厚だったフランスでは、フランスのすべての住民が国王の臣民として反逆罪を犯しうる存在として想定されていた。反逆罪法を政治的に活用したシャルル五世の治世では、職人や商人、そしてその他の労働者一般が、騎士階層より社会的地位が低いからという理由で反逆罪に問われる心配が少ないということはなかった。

イングランド特有の法的限界を乗り越えるために、王座裁判所主席裁判官のロバート・トレジリアンは、反逆罪法を事後的に拡大解釈する道を選んだ。こうして、一三八一年に制定された反逆罪法は、いかなる形であれ暴動や騒擾を起こすことは反逆罪であると宣言した。

一五世紀には、民衆による反乱も一三五二年の反逆罪法にある「国王の死を企て思い描くこと」に相当するという解釈が一般的となった。神学者ジョン・ウィクリフの影響下に勢力を伸ばした異端はロラード派として知られているが、彼らがサー・ジョン・オールドカースルに率いられて起こした騒擾や、シェイクスピアの『ヘンリー六世』にも描かれた一四五〇年のジャック・ケイドの乱の場合も、首謀者たちは「国王の死を企て思い描いた」として反逆罪で起訴された。

フランスの場合、ジャックリーの乱(一三五八年)をはじめ、農村や都市で発生した民衆蜂起は総じて反逆罪に数えられた。反乱の指導者は財産没収の上、処刑され、反乱に参加した都市には罰金が科せられた。

司法制度と訴訟手続

ここで司法制度と訴訟手続について手短に説明しておこう。一部の内容を除き中世末期だけでなく、一六世紀のチューダー朝時代でも通用した制度である。

一三五二年の反逆罪法は、反逆罪とみなされる行為を明文化したが、その一方で、反逆罪の訴訟手続についてはほとんど言及しなかった。中世末期に一般的となった訴訟手続は、まず法務官が作成した正式起訴状案を大陪審が検討した。起訴するに十分な証拠がある（ので嫌疑がある）と判断した場合には、正式起訴に基づく刑事訴追が開始され、一二名の地方住民で構成される小陪審が事実問題の認定を行い、評決を下すというものであった。

このほかに、私人による重罪私訴追の場合もあった。その多くは私人が共犯者証人として刑事訴追を提起するケースだった。共犯者証人とは、反逆罪やそのほかの重罪に関して起訴された者が自分の罪を認め、かつ共犯者を有罪にする証拠を提供する人を意味する。共犯者証人となることで通常は、自分が有罪となることだけは免れることができた。ただし、重罪私訴追の結果、証拠不十分だったり共犯者証人の証言と訴追を受けたものの主張が食い違ったりする場合は、決闘裁判が行われた。

決闘裁判といえば、シェイクスピアの歴史劇『リチャード二世』の読者であれば、リチャードの従弟ヘンリー・ボリングブルックとノーフォーク公爵トマス・ボーブレーがお互いを反逆罪で国王リチャード二世に訴える冒頭のシーンを想起するであろう。ふたりはそれぞれの訴えが正当であることを証明するために決闘することとなるが、特に決め手となる証人や証拠に不足する場合、騎士道裁判所の管轄の下、決闘裁判が行われた。

決闘裁判は、反逆罪に問われている被疑者にとって、その名誉を守ることを可能にする法的プロセスである。イングランドでは少なくとも一五世紀半ばまで見られたが、フランスでは一四世紀の後半には行われなくなった。そのことは、中世史家エリック・ジェイガーの研究を原作とするリドリー・スコット監督の映画『最後の決闘裁判』(二〇二一年)を鑑賞された読者には馴染みの事柄であろう。

さらに、イングランドでは被疑者が貴族である場合、議会で審理が行われたが、それ以外の場合は、刑事巡回裁判官任命(commission of oyer and terminer)という反逆罪で起訴するための手段が存在した。その任命書に明記された特定の刑事事件を審理・判決する目的で臨時的に巡回裁判官を派遣するものである。ヘンリー二世の治世に整備された制度であるが、反逆罪を審理する手段として、一六世紀に入っていっそう頻繁に用いられた。

一三五二年の反逆罪法によれば、裁判官を職務遂行中に殺害することも大逆罪に相当したが、その裁判官とは王座裁判所(the King's Bench)の裁判官だけでなく、巡察(eyre)裁判官やアサイズ裁判官、そして刑事巡回裁判官も含まれた。

このように特別に授権された裁判官を地方に派遣することはフランスでも同様に見られた。国王が直接に任命する裁判官に王国の各地方を巡回させ、国王の代理として訴訟を審理させることは、地方に対し中央からのコントロールを組織化し、国王の利益を守る点で有効だった。

それはフランスの場合、国王から特別に授権された裁判官が糺問手続を採用したため、いっそう強力なものとなった。糺問手続とは、中世教会の異端審問でも採用されたことで悪名高い裁判形式である。すなわち、誰かからの訴えを待たずに、裁判官が自らの職権によって訴訟手続を開始し審理・判決する方法である。訴追のプロセスと審判のプロセスが同一の裁判官によって担われる点に特徴があった。しかも、取り調べに際し犯罪容疑について必ずしも明らかにはされず、被疑者が証人による証言を求めることはできなかった。さらに自白させるために拷問が行われた点でも特徴的である。ローマ法の影響が相対的に少なかったイングランドでは拷問は稀だったが、反逆罪に関しては例外的に行われた。

このように国王が自らの代表として裁判官を地方に派遣する制度は、国王の支配力を王国の隅々にまで行き届かせることを意図するものだった。自治権を有する各都市や地方の有力諸侯、さらに教会からの影響力を国王が排除することを目的としていたわけである。しかし、これらの勢力の関与を防止することは容易ではなかった。とりわけ教会の場合、教会と世俗権力の間には相互に介入しない原則が共通認識として広く共有されており、聖職者は世俗の管轄権（裁治権）に服さない特権を持っていた。こうした事情を盾に、反逆罪で世俗権力によって起訴されることを拒否し、教会での裁判を求めることができたのである。

このように管轄権が国王権力によって独占されず、都市や有力諸侯、さらに教会も主張し、実際に行使していた状況では、管轄権をめぐって政治的闘争が生じるのは避けがたい。反逆罪の場合、特に国王に対して犯す犯罪であるから、国王政府があらゆる勢力を斥けて世俗管轄権を独占する必要があった。

以上の事情に鑑みれば、フランス国王を中傷したり、英仏百年戦争の最中、イングランドに物資を提供したりしたかどで、フランスの聖職者が国王の裁判官により有罪判決を受け処罰の対象となった事例が存在することも理解できよう。しかし、一般的にいって、フランスでは聖職者特権が反逆罪に問われないための保護壁の役割をある程度果たしたので、国王権力が管轄権を独占するには至らなかった。これとは対照的に、イングランドでは、小反逆罪の場合はともかく、国王に危害を加える大逆罪に関しては、一四世紀中盤以降、聖職者特権がみとめられなかった。フランスよりイングランドの国王権力の方が、大逆罪をめぐる管轄権の独占という点では一歩先んじていたのである。

イングランドで反逆罪をめぐる審理が議会で行われたり、刑事巡回裁判官が担当したりと多様だったことは既に指摘した。このようにさまざまなルートに振り分ける役割を担ったのが国王評議会(the King's Council, curia regis)である。国王に助言する義務を有する有力諸侯を国王が召集した会議体である。

コモン・ローによれば、国王評議会には極刑を含む過酷な身体刑を科す権限がなかったため、国王評議会自体は裁判を行わず、代わりに議会に審理を振り当てたり、刑事巡回裁判官を任命して担当させたりした。国王評議会は国王の身体の安全に関わる重要なケースについて、情報を収集し、最も適切な裁判の方法を決定することにとどまった。

フランスの場合、反逆罪のケースは、審理を省略して国王が判決を下す場合もあったが、一般に国王と国王評議会が審理する段取りだった。しかし、取り扱う議題の増大に伴い、より専門的に訴訟を扱う高等法院《パルルマン》が一四世紀はじめに常設されることとなった。

高等法院の役割は司法・行政・立法の三権にまたがり、裁判所としての機能だけでなく行政指導権限も有していたし、また国王が発した王状は高等法院が登録しなければ法的効果を発揮できなかったという意味では立法権にも関わっていたといえる。

当初、高等法院はパリにだけ置かれていたが、一五世紀半ば以降、トゥルーズを皮切りに各地方にも高等法院が設置された。こうした各地方の高等法院にも反逆罪を裁くことは可能であり、加えて、一四世紀パリに設置されたシャトレ裁判所や軍事裁判所にも同様の裁判権があった。このように、反逆罪を裁く権限は多元的に分散した。

こうした多元性は、特に国王の統治能力に問題がある場合、国王政府の支配力を維持する上で有効に働いた。「狂気王」の異名を持つシャルル六世は、政務に支障をきたすほど精神異常の発作を繰り返したこともあってか、父親のシャルル五世と対照的に、反逆罪を政治的に活用することに消極的だった。したがって、国王に代わりパリの高等法院やシャトレ裁判所が反逆罪に関して主導権を握ることとなった。

戦争法における反逆罪

ところで、君主を暗殺しようとしたり、王妃や国王の長女を犯したりすることは平時における反逆罪といえるが、君主に反抗して挙兵するなら戦時となる。戦時における軍事組織や行動を規制するのが戦争法だが、戦争法における反逆罪のケースは騎士道裁判所の管轄権に入った。通常、侍従武官長本人またはその代理が裁判長を務めた。

中世末期に戦争法によって反逆罪に問われた多くは、内戦における敗軍の将であったが、戦争法により反逆罪で有罪になっても、財産没収になる規定はなかった。しかしこれでは、内戦に勝利を収め実権を握った側にとって、莫大な経済的利益を手中にする機会をみすみす逃してしまうことを意味した。したがって、勝利を収めた陣営は、議会に諮《はか》って私権剝奪法という手段に訴えるのが常だった。

戦争法による反逆罪に関して最も重要なことは、王国の法によって裁かれる反逆罪とは別物だという点である。そもそも、戦争法は王国の法ではなく、教会法やローマ法の万民法(ius gentium)の枠組に属する国際的な法律だった。戦争法は、主として、国を問わず、騎士に求められた行動準則を規定するものであり、その意味で、騎士としての宣誓内容に違反する行為が反逆罪とみなされた。

この点を理解するには、百年戦争に好例がある。イングランドを相手に百年戦争を戦ったフランスは、一五世紀の初めに国内でアルマニャック派とブルゴーニュ派の二つに分裂し内戦状態にあった。こうした政治状況は英国王ヘンリー五世にとって対仏戦争を有利に進めるのに好都合だった。

対仏戦争の最中、ヘンリー五世がフランス人騎士のジャン・ダンジャンに反逆罪で有罪判決を下した事例がある。ジャンは、フランス北西部にある港町シェルブールの防衛の任にあったが、イングランドの軍門に下った。対英交渉に際し、ジャンは降伏する代わりに自分の身の安全の約束をイングランド側から取り付けた。

しかし、この合意内容の期日を過ぎると、ヘンリー五世はこのフランス人を反逆罪で裁判にかけたのである。敵国(すなわちイングランド)の国王が裁いている点が一見したところ奇妙かもしれない。だが、ジャンが犯したとされる反逆罪とは、ヘンリー五世に対するものでもフランス国王に対するものでもなく、騎士道に違反する行為だった。ジャンが守るはずだったシェルブールには補給上、問題がなく、完全に包囲されていたわけでもなかった。つまり、戦闘を継続する能力があったにもかかわらず降伏したことが、騎士道に反すると判断されたわけである。

騎士道に反するかどうかが問題視されるのは、騎士として誓いを立てたことに違反することで騎士としての名誉に反するからである。このように宣誓した事柄を履行しなかったために反逆罪に問われるのはゲルマン的な特性であるが、その一方で、国という単位を超えて有効とされた点には、中世の戦争法がローマ法の万民法をモデルとしたことを反映している。

敵に物資を提供したり、敵国のために諜報活動にたずさわったりするのも反逆罪に相当した。戦闘の最中に脱走するのも同様だった。また戦略的に重要な場所へ敵が侵入することを不用意に許したり、敵の攻撃に耐える兵力や弾薬、食糧などを保持していながら降伏したりすることも反逆罪であるとされた。

戦争法により反逆罪で裁かれた事例は、イングランドでは一五世紀末頃を境に見られなくなった。キリスト教普遍世界としての中世の終焉とともに、戦争法による反逆罪という概念も歴史の舞台から退場していったのである。

3　薔薇戦争の時代

リチャード二世の治世

先に、民衆による反乱をきっかけとして一三五二年の反逆罪法の限界が露呈したことを指摘したが、中世末期を通じてその反逆罪法は尊重・遵守された。反逆罪に関する新しい立法がなかったわけではないが、いずれも補足的なものにすぎなかったといってよい。一三五二年の反逆罪法でたいていの場合対処できたのは、擬制反逆罪(constructive treason)という考え方が発達したためである。法を解釈する際、そもそもその立法の目的とは何だったのかという問題を念頭におくならば、法律の文言に明示されていない行為も、明示されている行為の変種として想定されていたはずだと推定することで、文言の拡張解釈が可能になる。このように、法の目的や立法者の意図を勘案して法を解釈することを、英語で construction といい、その形容詞にあたる constructive は、法学用語としては「擬制」(または「法定」)という日本語表現が定訳となっている。したがって、擬制反逆罪とは、立法目的を勘案した拡大解釈に基づいて、成文法に明示されていない行為であっても反逆罪とみなされるものである。

いうまでもなく、反逆罪法の適用範囲を拡大する上で有効な法解釈の方法であり、国王権力の強大化に一役買うことになる。こうした法解釈の傾向はリチャード二世の治世に目立つようになり、一五世紀以降、さらに一般化した。

この擬制反逆罪という考え方こそは、一三五二年以降、中世末期における反逆罪の歴史において重要な変化である。その考え方に基づく拡大解釈の主な対象は、「国王の死を企て思い描くこと」という文言であった。しかし、そもそもこの擬制反逆罪という考え方がより柔軟な法解釈を可能にした際、その法解釈を方向づけた政治思想的立場とは国王権力の強大化であった。

リチャード二世は、擬制反逆罪という考え方によって、国王権力の至高性を特に強調しようとしたのである。

国王権力の至高性を実現するには、その権力に対する制約を一つひとつ外してゆくことを必要とするが、それは有力諸侯の立場から見れば、諸侯の同意を取り付けないまま恣意的に権力を行使することを可能にする点で危険な兆候にほかならなかった。だからこそ、議会は王室財政の見直しと国王による要職への任命を監視する評議会を設置し、リチャードによる権力行使に制約を加えた。この動きを主導したのはグロスター公トマス・オヴ・ウッドストックと第一代アランデル公リチャード・フィッツアランをはじめとする、のちに反逆罪告発貴族という総称で知られた面々だった。しかし、リチャードは国王権力に課された制限をことごとく嫌ったため、国王と議会の間には鋭い亀裂が走るようになった。

一三八八年、反逆罪告発貴族たちが主導したいわゆる無慈悲議会は、リチャード二世が恣意的に権力を行使するようになったのはその側近たちに原因があると主張した。こうして反逆罪で訴追の対象となったのは、国王の寵臣ロバート・ド・ヴィアーとマイケル・ド・ラ・ポールや、王座裁判所主席裁判官ロバート・トレジリアン、ヨーク大司教アレクザンダー・ネヴィル、そして前ロンドン市長ニコラス・ブレンバーである。ド・ヴィアーとド・ラ・ポールは逃亡に成功したが、不在のまま有罪判決が下された。ネヴィルは教会人だったため処刑を免れたが、トレジリアンとブレンバーは死刑となった。

国王と「王冠」を区別する論理について前述した際、国王の宮廷に巣食う追従者が国王に不正な助言を行うことで反逆者となるという主張を紹介したが、無慈悲議会による国王の側近に対する裁判はまさにそうした性格を帯びたものだった。

王位をめぐる政治闘争と私権剥奪法

反逆罪をめぐる政治闘争で活用された私権剥奪法は一四世紀にその起源があるとする見解は既に紹介したが、この法的手段が明確に活用されたのは薔薇戦争の時代だった。

薔薇戦争(一四五五―八五年)とは、王位をめぐりランカスター家とヨーク家の間で発生したイングランドの内戦である。ランカスター朝のヘンリー六世の王妃マーガレットがランカスター家を率いて、王位を要求していたヨーク家と戦ったが、最終的にランカスター家は敗北した。ヨーク家のエドワードが国王エドワード四世として即位し、一四六一年にヨーク朝が成立した。だが、ヨーク家の権力基盤は盤石とはいいがたい状態にあった。そのため、新国王エドワード四世への反対勢力を反逆罪に問うケースが見られた。

そうした事例の中でも、血を分けた兄弟の間における骨肉の争いとして有名なのが、国王エドワードの弟であるクラレンス公ジョージが反逆罪で処刑されたケースである。

エドワード四世はその治世の初期で大きくつまずいた。きっかけは、エドワードがランカスター派の騎士として戦死したジョン・グレイの未亡人エリザベス・ウッドヴィルと秘密裏に結婚したことである。そもそも王家の結婚は国事である以上、国王の独断で決められることではなかった。その意味で、エドワードの電撃結婚は国事としての慣例に大きく反するものだった上に、ウッドヴィル家の親族の勢力が増したことが有力諸侯の不評を買うことにもなってしまった。しかも、国王エドワードは自分が権力の座に就くにあたって最大の功労者だったウォリック伯リチャード・ネヴィルと対仏外交政策をめぐって対立してしまった。

そのウォリック伯と手を結んでエドワード四世に対決姿勢を示したのが、エドワードの弟、クラレンス公ジョージである。ジョージはウォリック伯の娘イザベルと一四六九年に結婚し姻戚関係となった。ウォリック伯に率いられた反乱の結果、一四七〇年、エドワードは国外逃亡を余儀なくされた。ウォリック伯はヘンリー六世の王妃マーガレットと同盟を結び、フランス国王ルイ一一世の支持をも得て、ランカスター家のヘンリー六世を復位させた。

ところがその翌年、エドワード四世とジョージが和解し、エドワードは反撃に出てウォリック伯の勢力を撃破しただけでなく、ヘンリー六世とその王太子を殺害することにも成功した。しかし、和解したはずのジョージとエドワードの間には、その後も争いの種がくすぶり続けた。その対立の一因は、ジョージが、エドワードの承認を経ないまま、ウォリック伯の娘イザベルと結婚したことにあった。イザベルが産褥で一四七六年に死亡したのち、ジョージはブルゴーニュ公シャルルの女子相続人と再婚を画策したが、エドワードの反対にあい、二人の関係は再び冷却した。

クラレンス公ジョージが反逆罪に問われたきっかけは、その家臣トマス・バーデットらが反逆罪で起訴された一四七七年の事件である。起訴理由は、魔術を用いて国王と王太子の寿命を占ったためとも、エドワードや王妃エリザベスを中傷する煽動文書を拡散させたためともいわれている。いずれにせよ、この裁判にクラレンス公ジョージが介入したことが引き金となって、エドワードは弟を葬り去ることを決意した。こうして翌一四七八年一月の議会は、クラレンス公ジョージに対して大逆罪で私権剝奪法を通過させた。一三五二年の反逆罪法に照らしてクラレンス公ジョージの行動は大逆罪に相当すると認定することは困難だったために、私権剝奪法の手段に訴えたようである。

これに対し、ジョージは決闘裁判による決着を要求したが容れられず、死刑判決が下った。シェイクスピアの『リチャード三世』に描かれているようにワインの酒樽で溺死させられたと伝わっている。

魔術と反逆罪

シェイクスピアの歴史劇といえば、『リチャード二世』から『リチャード三世』まで、五代のイングランド国王を扱ったものがある。特に全三部からなる『ヘンリー六世』と『リチャード三世』は薔薇戦争の時代を描いている。

『ヘンリー六世』の第二部に登場する有名な史実に、エレノア・コバムをめぐる事件がある。エレノア・コバムは、国王ヘンリー六世の叔父にあたるグロスター公爵ハンフリーの二人目の夫人である。ヘンリー六世を魔術で殺そうとした疑いで彼女が反逆罪に問われた場面をご記憶の読者もおられよう。この例のように、占星術や巫術を含む魔術を国王や王位継承者に関して用いる場合は、反逆罪に問われた。

一口に魔術といってもいろいろなものがあり、たとえば、病気の治癒や豊作の祈願などを目的とする場合は必ずしも他人に危害を加えるものではなかった。しかし、旧約聖書のサムエル記上第一五章二三節に「反逆は占いの罪に、高慢は偶像崇拝に等しい」とあるように、聖書解釈の伝統では反逆罪と魔術は密接な関係があるものとされた。しかも、魔術を用いた謀略には君主の死に関わる行為が少なくなく、それらは反逆罪の範疇に含められた。

フランスで魔術を用いた反逆罪を初めて論じたのは一四世紀末から一五世紀初めにかけてパリ大学で活躍した神学者ジャン・プティである。国王に対して魔術を使用するのは反逆罪のみならず瀆神の罪にも相当するため、過酷な身体刑だけでなく地獄における永遠の霊的処罰に値すると主張した。

イングランドの場合、一三五二年の反逆罪法に照らせば、魔術を使って国王の殺害を意図する場合はもちろんのこと、国王の健康を害したり、国王の判断を歪めようとする場合でさえも反逆罪に問われた。前述の通り、この反逆罪法に特徴的なのは、国王の死を「企んだり思い描いたりする」という、やや曖昧な表現である。多様な解釈を許すため、国王の身体に危害を加えることだけでなく、魔術を使用して国王の暗殺を図ることはもちろんのこと、国王の寿命について占うことすら反逆罪で起訴する根拠となりえた。

国王暗殺を意図して魔術を使用したイングランドの事例としては、たとえば一四世紀初めの魔術師ジョン・オヴ・ノッティンガムのケースがある。

イングランド中央部にあるコヴェントリーの市民たちは、コヴェントリー修道院からの重い徴税に悩まされていたが、同修道院による課税は、前出の小ヒュー・ディスペンサーの支持を受けたものだった。そこで市民たちはコヴェントリーで有名だったジョン・オヴ・ノッティンガムにエドワード二世の寵臣だったディスペンサー父子を魔術で暗殺することを依頼した。ジョンは呪いをかける対象に似せた人形を使った伝統的な魔術と占星術を併用することにしたが、ディスペンサー父子の暗殺を実行する前に、ひとまず修道院の執事だったリチャード・ド・ソウを試験台として魔術を試みた。人形の頭部にピンを刺したところリチャードは発狂し、数日後ピンを引き抜き胸部に刺したら死亡したという。

ところが、成功を収めたこの「試験」で助手を務めたロバート・マーシャルはリチャード死亡の背景を検屍官に通報した。その結果、ジョンは逮捕され獄死し、ロバートは絞首刑となった。ディスペンサー父子は暗殺を免れたものの、魔術による謀殺を恐れ、教皇ヨハネス二二世に助言を仰いだという。

この事例よりさらに有名なのが、前出のエレノア・コバムをめぐる事件である。彼女の夫グロスター公は、幼くして王位に就いたヘンリー六世を補佐する護国卿の地位にあった。しかも、ヘンリーが王位継承権を持つ男子に恵まれなければ、グロスター公が最有力の王位継承者だった。その意味で、エレノアは政治的野心を抱いていたが、その一方で、グロスター公は、国王ヘンリーの大叔父にあたる枢機卿ボーフォートの勢力に押され気味で、宮廷での影響力を削がれつつあった。

こうした事情を背景として、もともと占星術に関心が高かったエレノアは占星術師に国王ヘンリーの未来を占ってもらった。その占星術師とは、医師トマス・サウスウェルとオックスフォードの聖職者ロジャー・ボリングブルックらであった。占いの結果は、国王が近いうちに重病にかかり死亡するだろうというものだった。ことの重大さのためであろう、この占い行為は露見するところとなり、占星術師は反逆罪で起訴された。国王の生命に関わることを占い、その死を予見することは、「国王の死を企んだり思い描いたりする」ことに相当するからである。サウスウェルはロンドン塔でまもなく死亡したが、ボリングブルックは有罪判決を受け、首吊り、内臓抉り、四つ裂きの刑に処された。

しかし、シェイクスピア『ヘンリー六世』でスポットライトを浴びるのは魔術師ではなくエレノア・コバムである。国王ヘンリー自らエレノアに判決を申し渡す場面が印象的だが、実際のところ、エレノアは教会裁判所で裁かれたのであって、反逆罪を含む世俗の犯罪では起訴されなかった。そもそも、エレノアを反逆罪で起訴するには法的な障害があった。国王ヘンリーの叔父(すなわちグロスター公)の妻であり公爵夫人でもあったエレノアを裁こうとしても、貴族身分の女性が反逆罪を犯す場合については法的規定も前例もなかったからである。

とはいえ、取り調べの結果、エレノアにとって都合の悪い事実が明るみとなった。当時、魔女として有名だったマージェリー・ジュードメインからグロスター公を誘惑し妊娠できるよう魔法の薬をエレノアは貰い受けていたというのである。マージェリーは異端と魔術の罪で有罪となり、一四四一年一〇月に火刑となった。一方、エレノアも同様に異端に問われたが、死罪は免れた。公式には終身禁錮刑に服したとはいうものの、その実態は恩給付きの余生を城で送るというかなり優雅なものだったという。

第3章

反逆罪の拡張

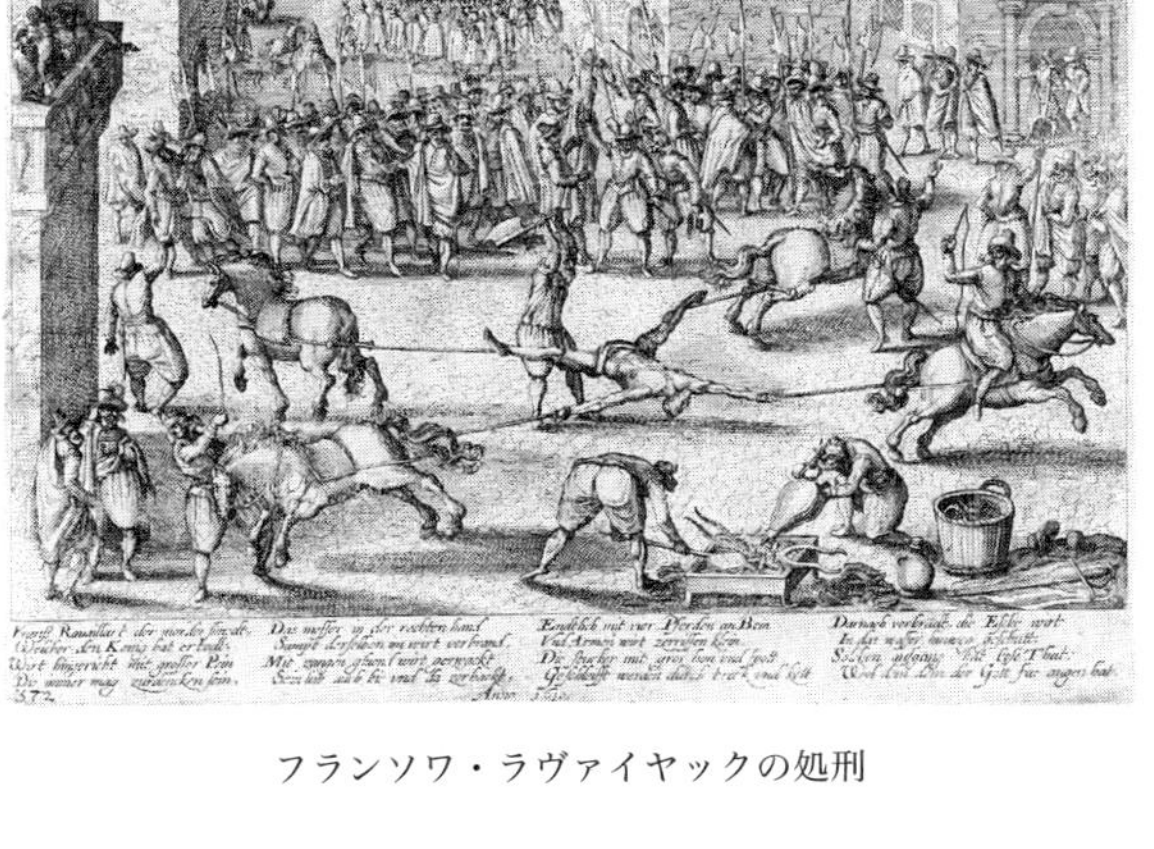

フランソワ・ラヴァイヤックの処刑

1　言葉による反逆罪

ヘンリー八世の「離婚」問題

イングランドでチューダー朝（一四八五―一六〇三年）を創始したヘンリー七世の後継者がヘンリー八世である。王妃を六人も次々と取り替えたことで悪名高い国王である。

最初の王妃キャサリン・オヴ・アラゴンとの間に男子が生まれなかったことが結婚問題の発端だった。男子の王位継承者を持つために別の若い王妃と再婚することを希望したヘンリーは、キャサリンとの結婚をローマ教皇庁が取り消すことを望んだ。ローマ教会は離婚を認めないが、王家の結婚を無効とする（つまり、そもそも結婚が正式には成立していなかったと認定する）ことは不可能ではなく前例のないことでもなかった。しかし、ヘンリー八世の場合、事情はやや複雑だった。

当時の教皇クレメンス七世は、神聖ローマ帝国皇帝兼スペイン国王だったカール五世によるローマ侵攻後、カールの政治的影響下に入っていた。そのカールはキャサリンと親類関係にあったため、ヘンリーからの婚姻の取り消し要求に応じないよう、教皇に圧力をかけたという特殊事情があったのである。その上、イングランド国内でもロチェスター司教ジョン・フィッシヤーをはじめとする高位聖職者の猛反対にあい、事態は紛糾した。

こうしてヘンリーは、代替案としてローマ教会と絶縁することを決断した。その結果、数々の法律が矢継ぎ早に制定された。その目的は、ローマ教会に対する新政策を防衛し、イングランド国内の教会から自律性を奪い、国王の「離婚」と再婚をめぐる批判を封じ込めることにあった。

そこでまずイングランド国内の聖職者から立法権を取り上げた上で、一五三三年の上告禁止法では、イングランドの臣民が国内の教会裁判所の判決を不服としてローマ教皇に上訴することを禁じた。これで、キャサリンとの婚姻を無効とするのはイングランド国内だけで処理することが可能となり、国王ヘンリーはアン・ブーリンと正式に結婚した。

翌一五三四年に成立した第一継承法は、アンとその子供を王位継承者として定めると同時に、国王とアンの結婚が法的に有効であることも含め、この法律の定める内容を認める宣誓を臣下に義務づけた。宣誓を拒否する場合は、終身禁錮刑と財産没収と定められた。また、同年の国王至上法では、ヘンリーがイングランド教会の首長であると宣言した。

しかし、ローマ教会からの分離を宣言するだけで、強制力を伴わなければ実効性を期待できない。そこで一五三四年の反逆罪法が制定された。ローマ教会と絶縁したイングランド国王の新しい地位を認知しないことは反逆罪に相当するとされたわけである。

その結果、英国史上の有名人の多くが反逆罪で処刑台の露と消えた。前出のジョン・フィッシャーや、著作『ユートピア』で知られる思想家で政治家のトマス・モアが早速、反逆罪法制定の翌年に処刑された。モアがたどった運命については、フレッド・ジンネマン監督の古典的映画『わが命つきるとも』(一九六六年)で描かれていることでも有名である。モアは、前出の第一継承法で定められた宣誓の義務を拒否したためにロンドン塔に投獄されたのち、国王至上法で新たに定められた宣誓をも行わず沈黙を守ったため、大逆罪で起訴された。

モアにとって、選択は二つに一つだった。新しい法律で義務づけられた通りに宣誓を行うことは、カトリック信徒としての信仰に反し、神への服従を拒否することを意味する。一方、自己の良心に従い、宣誓を拒否すれば、すなわち国王への服従を拒否することになる。国王に逆らえば生命はない。だが神に逆らえば魂の救いはない。彼にとって選ぶべき道は明白だった。判決文によれば、馬による引き回し、首吊り、内臓抉り、四つ裂きの刑が宣告されたが、のちに斬首刑だけに変更された。

モアとフィッシャーの他にも、ヘンリー八世の二人目の王妃アン・ブーリン(一五三六年没)や、国王の右腕だった政治家トマス・クロムウェル(一五四〇年没)、ヘンリーの五人目の王妃キャサリン・ハワード(一五四二年没)など、反逆罪に問われた事例は枚挙にいとまがない。

反逆罪立法の急増

一二〇〇年弱続いたチューダー朝時代は、反逆罪をめぐる立法が極めて頻繁に行われ、少なくとも六八の法律が知られている。これに対し、一三五二年の反逆罪法以来、チューダー朝の創始に至るまでの一三〇〇年ほどの期間に、反逆罪に関する立法は十指に満たない。チューダー朝の国王政府が反逆罪に多大な関心を寄せたことは火を見るより明らかである。

反逆罪法が多数成立したという事実には、一三五二年の反逆罪法を拡大解釈する擬制反逆罪という考え方で対処するだけではもはや不十分だという判断を読み取ることができる。そもそも、イングランドでは一三五二年の反逆罪法が最も重要な地位を獲得したとはいっても、反逆罪に関する法律はその後も必要に応じて制定された。したがって、個々のケースをめぐって既存の制定法のどれを優先すべきか、必ずしも自明ではなかった。

その上、慣習法に由来するコモン・ローの曖昧な規定に基づく反逆罪理解も根強く残存していた。コモン・ローの伝統を重視する立場からすれば、新しい制定法は、イングランドの法慣習を形成する基本法を成文化したものにすぎない。そうした伝統的な見方も無視しえない影響力を持っていたのである。このようなイングランド固有の事情は、ローマ法を常に法的拠り所とした点で明解だったフランスとは対照的である。

一三五二年の反逆罪法を中心とする既存の制定法だけで事態に対応するのではなく、時の必要に応じて、いわば場当たり的な対応として数多くの反逆罪法が乱発されたのが、チューダー朝時代であった。それと同時に、反逆罪に相当する行為の範囲も大幅に拡大することとなった。本章では、ヘンリー八世とエリザベス一世の治世を中心に一六世紀イングランドで反逆罪法の適用範囲がどのように拡大したかを検討したい。

一五三四年の反逆罪法

ヘンリー八世の治世における反逆罪立法の中でも、一五三四年のものが特に注目に値する。その法律が制定される直接的きっかけとなったのは、エリザベス・バートンをめぐる騒動だった。ベネディクト会修道女だったバートンは霊的な幻視を見ることで有名で、彼女の預言を信じる民衆が多かった。しかも、バートンの篤い信仰心はジョン・フィッシャー司教のお墨付きだった。

バートンは一五三三年、国王がアン・ブーリンと結婚することを批判し、結婚に反対するよう民衆をそそのかした上に、アンと結婚するなら国王は死亡するであろうと預言したとの理由で反逆罪の嫌疑がかけられた。しかし、当時すでに存在した反逆罪法に照らせば、これらの行為のいずれも反逆罪とみなすことは難しかった。特に、国王の死亡を預言したとはいっても、占星術的な予測ではなく、「アンと結婚するなら死ぬだろう」という仮定の話にすぎなかったからである。実際、星室裁判所の取り調べも有罪とするには足らないという結果に終わった。

しかし、国王とその右腕トマス・クロムウェルはこの判決を黙視して済ませるわけにはいかなかった。そこでバートンを有罪にするのに彼らに残されていた最後の法的手段だった私権剝奪法に訴えたのである。こうして、彼女は一五三四年四月、絞首刑に処されたのち、その首がロンドン橋に晒された。女性がそのような見せしめにあった英国史上唯一の例である。

バートンに対する強引なやり方を疑問視する向きが少なくなかったこともあってであろう、国王政府で主導権を握っていたクロムウェルは新たに強力な反逆罪法が必要だと悟った。国王の結婚問題に批判的な発言をすることを反逆罪とする法律を制定することで、同様の事件の再発を防がなければならなかったのである。こうして一五三四年の反逆罪法が成立することになる。

この新しい反逆罪法は、国王や王妃、王位継承者、さらにその側近に危害を加えようとして口に出す言葉や書き記す言葉を反逆罪に相当する行為に含めた点で画期的だった。特に国王が異端者、離教者、または不信仰者であるとか、暴君あるいは国王権力の簒奪者であるという趣旨で発言または執筆する者は反逆罪を犯したものとみなされるとした。

「言葉を口にするだけで大逆罪になる」

ジョン・フィッシャーの兄ロバートは、「言葉を口にするだけで大逆罪になるなんて、これまで聞いたことがない」と一五三五年に述べたと伝えられる。しかし、口に出して言う言葉や書き記した文言が反逆罪として問題視されたのは、ヘンリー八世の治世が初めてのことではない。

一三五二年の反逆罪法を紹介した際、大逆罪はまず「国王、王妃、または国王の後継者である長男の死を企んだり思い描いたりすること」と定義されたと記した。そこで「企んだり思い描いたりする」という表現はいささか曖昧で多様な解釈が可能だったことを指摘したが、拡大解釈の結果、国王を中傷誹謗する言葉を発するだけで、国王自身に身体的な意味で危害を加えずとも、国王の死や王国の破壊を企むものだという解釈も登場した。こうして一五世紀前半のランカスター朝のヘンリー四世の時代に、言葉による反逆罪に問われるケースが既に現れている。廃位されたリチャード二世への支持を口にした者たちは、引き回し、首吊り、四つ裂きの刑に処された。

ただし、そうした言葉による反逆罪を起訴する上での決め手は、悪意の存在だった。発せられた言葉自体は国王の死を企てるものではなくとも、悪意があれば、間接的に国王の死をもたらしうるものとして、反逆罪に問われる根拠となった。すなわち、国王に対して悪意を伴う言葉は、国王が臣民に期待する親愛の情を裏切り、その結果として国王を悲しませることとなるため、国王の健康を害し寿命を縮める恐れがある、というのである。つまり、言葉を発することで反逆罪を犯すといっても、その言葉それ自体を問題視するからではなく、「国王の死を企て思い描くこと」に間接的に結びつく点が問題だったわけである。

ヘンリー八世による一五三四年の反逆罪法に基づく裁判でも、国王の身体に危害を加えることを問題視する点では従来の伝統を踏まえている。ただし、問題視される言葉が悪意を伴って発せられたかどうかはもはや問われなくなった。なぜなら、言葉それ自体が、危害を加える外面的行為であり、悪意の存在の証拠であるとみなされたからである。その意味で、ロバート・フィッシャーが「言葉を口にするだけで大逆罪になるなんて、これまで聞いたことがない」と述べたことは的を射ている。

ただし、どのような言語表現が反逆罪として処罰の対象となるのか、法的に確定するのは必ずしも容易ではなかった。国王の顧問の行動を批判したり、なかなか男子の誕生に恵まれないヘンリー八世の性生活を揶揄ったりすることは、法廷では反逆罪とみなされなかった。また、エリザベス・バートンの例に見るように、国王や側近たちが反逆行為とみなしたからといって、裁判官もまた同様に有罪判決を下すとは限らなかった。とはいえ、ヘンリーの反逆罪法の下では、うっかり感情に任せて国王に関して悪態をつこうものなら、何の陰謀を企んでいなくても反逆罪に問われるかもしれなくなったのである。そのことの政治的効果の大きさはたやすく想像できよう。

ところが興味深いことに、言葉による反逆罪を強調した新しい立法に目立った反対は見られなかった。その背景にはキリスト教の影響が考えられる。

そもそもキリスト教的伝統では、舌はもっとも厄介な身体部位とされる。新約聖書の「ヤコブの手紙」第三章によれば、「舌を制御できる人は一人もいません」。「舌は疲れを知らない悪で、死をもたらす毒に満ちて」おり、人は「舌で、神にかたどって造られた人間を呪」う。言葉による反逆罪という考え方は、安易に言葉を発することに強い警戒心を抱くキリスト教を共鳴板とするものでもあったといえよう。

このように口に出して言ったり書き記したりした言葉が（異端とは異なる犯罪としての）反逆罪に問われる根拠となったのは、少なくとも一五世紀にまで遡ることができる。その背景には、一五世紀中葉のグーテンベルクによる活版印刷技術の発明によって、印刷物が急増したことがあろう。ただでさえ書き記された言葉が印刷物を通じて広く早く伝達するようになっていたところへ、ヘンリー八世がローマ教会と訣別せざるをえないという大問題が発生したことが、言葉による反逆罪を取り締まる傾向を強く後押ししたわけである。

中世末期に国王を異端であるとか離教者または背教者だ、などと発言しても反逆罪に問われることはなかった。しかし、ヘンリー八世にとってローマ教会と絶縁することは自らが至高の教会的権威であることの宣言でもある以上、国王を異端者呼ばわりする行為は、ローマ教会の権威を引き続き認知し、イングランド国王の宗教的権威を否定することに等しく、断じて許せないことだった。

とはいえ、イングランドの人々の間でローマ教会への帰依が一夜にして雲散霧消するわけもなく、むしろ国王の信仰を疑問視する声が一般的だった。国王としては、その宗教的権威を強制的に広く認知させることは焦眉の急だったのである。

ここで念のために注記すれば、本章では特に言葉による反逆罪に注目しているが、ヘンリー八世の時代における反逆罪というカテゴリーの拡大はこれにとどまるものではない。たとえばヘンリー八世の治世に新たに制定された反逆罪法によれば、国王が結婚するつもりの女性について、それ以前に異性関係を持ったことのない「清潔な乙女」であると国王が想定しているにもかかわらず、それが事実に反する場合、その女性は大逆罪に問われた。また、国王の布告に服従することを拒否して国外に逃亡するものも同様だった。いずれも言葉による犯罪行為ではないが、反逆罪の対象が拡大しつつあったことを例証する。

私権剥奪法

反逆罪のカテゴリーが急拡大したことに伴い、一五三四年の反逆罪に見る処罰規定には厳格さがいっそう目立つようになった。処罰には、財産没収がもちろん含まれたが、対象となる財産がより包括的となった点が特徴的である。相続、遺贈、売却が自由な単純所有権による土地だけでなく、相続人に遺贈されることだけが許された限嗣《げんし》封土権によるものや、ただ単に使用を許されているものにまで及んだ。

そこまで広く網をかけたのは、コモン・ローの伝統によれば個人所有とみなされなかった財産を、旧来の反逆罪法では没収の対象にできなかったためである。その点、前章で説明した私権剥奪法は、包括的な財産没収を可能にする法的手段として、従来の反逆罪法を補完する役割を担っていた。しかし、一五三四年の反逆罪法以降は、財産没収という目的のために私権剥奪法という手段に訴える必要性はなくなった。

にもかかわらず、私権剥奪法はこの時代も引き続き頻繁に用いられた。数々の反逆罪法が制定されたとはいえ、いずれも事後的な対応にすぎず、先例のない反逆行為を未然に防止するものではなかった。つまり、反逆罪の規定はおよそ包括的とはいえない状態のままだったのである。しかも、王妃アン・ブーリンやキャサリン・ハワードの不倫をはじめとして、国王の眼には反逆行為に映るが、既存の反逆罪法では処理することの難しい事件が次々と発生した。不測の事態に対処するには、既存の法律の拡大解釈だけでなく、依然として私権剝奪法が有効な法的手段であり続けたのである。

煽動罪

ところで、言葉を発することで反逆罪に問われるとすれば、それは煽動罪とどのように異なるのかという疑問が生じよう。現代では合法的な手段によらず政府を転覆することを主張したり、そうした主張を持つ人々に加担したりすることが煽動罪に相当するとされる。

煽動(seditio)の概念は、中世政治思想において既に論じられていた。一三世紀の神学者トマス・アクィナスによれば、煽動とは、ある特定の集団を構成する諸部分の間の紛争を意味し、外敵との間の紛争である戦争や、ある共同体内部の紛争とはいえ小規模な暴動とは区別された。煽動は部分的集団間の紛争であるから、集団の分断状態と言い換えてもよい。その結果もたらされるのは、民衆の間の平和と統一が乱された状態である。アクィナスによれば、こうした分断状態を引き起こすのは、権力に抵抗する人々ではなく、権力の座にある暴君であった。アクィナスは、煽動を暴君による不正な統治、すなわち暴政を論じる中で話題としている。

しかし、このような煽動についての理解は、現代のわれわれが理解するところとはやや異なっている。しかも、暴君に抵抗する人々が煽動罪に問われるのが近代の歴史を彩っていることに鑑みれば、アクィナスの主張とは正反対だとさえいえよう。

では、なぜ今日では「煽動」の意味が、中世のそれと異なっているのだろうか。それは、一六世紀に入って、秩序の分断という旧来の意味に加えて、「体制に対して批判や不満を表明する言辞」という新しい意味が生まれたからである。これは明らかに「言葉による反逆罪」という概念と極めて近いものである。このように煽動罪の概念を刷新した先駆的論考に、フランスの法律家ニコラ・ボイエが著した『煽動罪論』(一五一五年)がある。

一六世紀末までに、煽動罪とは、反逆罪に値するほど危険ではないが秩序を乱しかねないとみなされる言動を意味するという理解が普及した。煽動罪に問われたのは、基本的に言語を用いたものに限られ、実際に暴力を振るうことは必ずしも含まなかったが、暴力を誘発しかねないとみなされたものであった。

煽動罪が反逆罪に準じて深刻な犯罪とみなされた背景には、反逆罪と同様、政治共同体を身体メタファーで理解する考え方があった。つまり、結合双生児のように頭や胴体が分裂しており、かつ二人が争っているような状態がイメージされていたのである。こうした身体メタファーが喚起するイメージに基づいて、分断をもたらすような言動は全て慎まねばならないという支配権力の主張が広められた。

煽動罪のケースは、治安判事が陪審の審理を経ないで有罪判決を下すのが慣例となっていた。

処罰は反逆罪に比べて軽かったが、鞭打ち、さらし台でのさらし刑、耳の切断や禁錮刑など、多様であった。

2 エリザベス一世の宗教政策

教皇尊信罪

本章でこれまで論じてきた反逆罪理解の変化は、イングランドの教会がローマ教会と絶縁しプロテスタント教会として独立するという歴史的状況の中で生じた。このことをもう一度確認しておこう。一五三四年の反逆罪法は、その前年の上告禁止法が、ローマ教皇に上訴することをイングランド臣民に禁止し、一五三四年の国王至上法では、国王ヘンリー八世がイングランド教会の首長であると宣言したのを承けて成立したことは前述した。

そこで注目すべきは、チューダー朝時代には、イングランド教会ではなくローマ教会に忠誠心を抱き続けることもまた反逆罪であるとみなされるようになったことである。すなわち、ローマ教皇に上訴し最終判断を仰ぐのは、ローマ教皇がイングランド国王よりも優越することを主張するのと同じであり、そうした行為もまた反逆罪の一種と理解されたのである。

ところが、やや時代を遡って一四世紀には、ローマ教皇への上訴を通じてその最終判断を仰ぐことは、教皇尊信罪(praemunire)という別種の犯罪として扱われていた。そもそも、教皇の権威を認めることそれ自体は、国王に危害を加えることと同じではない。だが、国王が自分の管轄権をめぐって教皇と対立するようになると、教皇による管轄権の主張に加担することを禁じる必要が生じたわけである。

こうして一三五三年、国王エドワード三世は、コモン・ローの管轄内とみなされる法的問題について、ローマ教皇への上訴により、国王裁判所の最終決定を無効にしようと試みることを禁じた。この罪状で有罪となれば、動産の没収と終身拘禁刑に処されることとなった。これが教皇尊信罪を規定したはじめての事例である。

その後、一三九二年にリチャード二世も教皇尊信罪法を制定し、ローマ教皇へのいかなる形での上訴や、教皇による破門宣告や教令などをイングランド国内に持ち込むことを、国王や王権、王国に反するものとして厳禁した。この法律は、ローマ教皇のイングランドにおける管轄権を制限する。ローマ教皇がイングランドに関わる問題について介入することは、イングランド国王の権力を簒奪しイングランドの国法を犯すに等しいといえるからである。

イングランド国内の教会に関して一切の管轄権を主張したヘンリー八世が、この教皇尊信罪法に目をつけ活用したのは当然であろう。一五三六年の教皇座法で、イングランド国内における教皇の管轄権を口頭または文書で主張することを、リチャード二世の教皇尊信罪法に基づき、終身拘禁刑と財産没収の対象とすると規定した。

ここで注目すべきは、この教皇座法が教皇尊信罪だけでなく反逆罪にも言及している点である。すなわち、この法律は国王の至上性の宣誓を教会と世俗の要職にある者全てに義務づけており、宣誓を拒否することは反逆罪とみなされた。この時点では、教皇尊信罪と反逆罪は別々のカテゴリーだったが、両者の間の距離は狭まりつつあった。これら二つの大罪は、エリザベス一世の半世紀近くにわたった治世の間に融合してゆくこととなる。

エリザベス一世時代の反逆罪

ヘンリー八世の没後、即位したエドワード六世はまだ歳若く、政治の実権を握らないまま夭折した。その後「九日間の女王」ジェーン・グレイをめぐる政争を経て、キャサリン・オヴ・アラゴンの娘メアリーが即位した。メアリー一世は、父王の政策とは反対に親カトリックの方針へ大きく舵を切ったが、プロテスタントを迫害した彼女の治世はわずか五年で終わった。

エドワードとメアリーの反逆罪法は、父王ヘンリー八世の政策への緩やかな反動だったといってよい。即位に際してヘンリーの反逆罪法の過酷さを和らげ、より寛容な政策を打ち出す方向性を、少なくとも表面的には示した。メアリーの死去をうけて一五五八年に即位したエリザベス一世にも同様の傾向が当初見られたが、その長い治世の間に父王ヘンリーの路線を継承・

発展させていった点で重要である。

エリザベスは、即位まもなく、プロテスタントのイングランド教会の立て直しといっそうの強化を図った。しかし、メアリーの時代に勢力を得た高位聖職者や保守派の貴族たちはカトリック信仰とローマ教皇への忠誠を容易には放棄しなかったため、一五五九年、新たに国王至上法を制定して対抗した。教会と王国のすべての官職に就く者には、女王こそがイングランド教会の最高統治者であると宣誓することが要求され、これを拒否する者は失職を免れなかった。しかも、宣誓を三度にわたって拒否する者は、カトリックの信仰に固執するとみなされ、反逆罪に問われることとなった。しかし、実際のところは、国王至上性の宣誓を三回も拒否させるまでカトリック信徒を追い詰めたというよりは、むしろ、ドーバー海峡を越えて亡命する選択の機会を与えたのに等しかった。

ところが、一五六八年、宗教政策の見直しをエリザベスに迫る事件が起こった。スコットランド女王メアリー・スチュアートが廃位に追い込まれ、国境を越えてイングランドに逃亡してきたのである。メアリーはヘンリー八世の姉マーガレットの孫の一人としてイングランド王位継承権を主張できる立場にあった。しかも、メアリーはカトリック信徒であり、ジョン・ノックスらプロテスタント(特に長老派)指導者による宗教改革を経たばかりのスコットランドでは、カトリックの女王の存在は宗教的にいえば不安定要因でしかなかった。

そのメアリーがスコットランド貴族との政争に敗れ、王位をわずか一歳の長男ジェームズ(のちのイングランド王ジェームズ一世)に譲位しイングランドに逃げ込んできたのである。こうした事態は、イングランド(とウェールズ)国内で肩身の狭い思いをしていたり大陸へ亡命を余儀なくされたりしていたカトリック信徒にとって絶好の機会にほかならなかった。プロテスタントの女王エリザベスに代わって、メアリーをカトリックの女王として迎えるチャンスだったからである。エリザベスが結婚せず子供がいないままで死亡すれば、メアリーが王位継承者となっても不思議ではない。その上、エリザベスは大逆罪で処刑されたアン・ブーリンの娘だったことは、エリザベスが女王としての正当性を主張する上でのアキレス腱だった。以上のような状況を背景として、エリザベスのイングランド政府に対するカトリックの抵抗運動が、まずイングランド北部で蠢動を始めたのである。

そうした状況をさらに後押ししたのが、一五七〇年に教皇ピウス五世が公布した教令レグナンス・イン・エクスケルシス(Regnans in Excelsis)である。この教令で教皇はエリザベスを「イングランド女王を僭称する悪徳の召使」であるとして女王としての主権を否定しただけでなく、異端として破門に処した。その上、女王への忠誠を宣誓したカトリック信徒すべてに対して、その忠誠義務を解除することを宣言した。

それまでイングランドのカトリック信徒は世俗的な事項については女王の支配に服するが、

霊的事柄については教皇に服従するといういわば二重生活を送っていた。しかし、この教令は、エリザベスに服従するカトリック信徒もまた破門を免れないと宣言したため、カトリック信徒は「ローマ教皇か、エリザベスか」の二者択一を迫られることとなった。

この教令の公布はエリザベスの宗教政策を転換させる上で決定的な役割を果たした。その教令が、エリザベスの世俗的主権者としての正当性を否定してしまった結果、エリザベスはカトリック信徒にとっての敵となったからである。

こうして事態は国際的に急展開しはじめた。カトリック諸国、とりわけスペイン国王フェリペ二世はメアリー一世の夫だったこともあり、エリザベスを女王の地位から追い落とす動きを支援した。

カトリック勢力はイングランド宮廷でも暗躍していた。たとえば、エリザベスの顧問だったフィレンツェ商人のロベルト・デ・リドルフィは、カトリック勢力の挽回を期すためにカトリック信徒による反乱に対する財政支援やイングランド国内への教令の密輸入と拡散にも一枚噛んでいたようである。

さらには、貴族の最有力者だった第四代ノーフォーク公爵トマス・ハワードがメアリー・スチュアートと結婚することでエリザベスに対する一撃とする計画も持ち上がった。ノーフォーク卿の野望とその挫折については、ケイト・ブランシェット主演の映画『エリザベス』(一九九八年)で物語のクライマックスとして描かれていたのをご記憶の読者もおられよう。

以上の国内外の事情に鑑みれば、一五七一年に新たな反逆罪法と反教令法がなぜ制定されたのかは明瞭である。

新しい反逆罪法は、君主(すなわちエリザベス)の地位を簒奪したり、外国勢力にけしかけて王国への侵略を謀り君主に対する戦争を企んだりすることを反逆罪であると規定した。この反逆罪法は、伝統的見解から一歩踏み出し、国王の身体に危害を加える行為だけでなく君主の地位を簒奪する行為も反逆罪であると明言した。この立法は、メアリー・スチュアートに代わってエリザベスに対する反乱を起こす首謀者だけでなく、それへの関与が想定されるメアリーをもまた反逆罪に問うことを意図していた。

一方、反教令法は、イングランド王国内に教皇の教令を持ち込んだり、その普及に努めたりすることはもちろん、その文書を所持しているだけでも反逆罪に相当するとした。この立法は、一五三六年の教皇座法の延長上に位置づけられるものであるが、その意味で特に注目すべき点は、反教令法で反逆罪に相当すると規定された行為は、元来、教皇尊信罪とみなされたことである。つまり、エリザベスは教皇尊信罪を反逆罪の一種として位置づけたのである。こうして、ヘンリー八世の治世で始まった教皇尊信罪と反逆罪の融合はエリザベスによって推し進められた。

教皇尊信罪と反逆罪の融合

そうした傾向は、一五八〇年代に入っていっそう明確になった。その背景としては、カトリック勢力の抵抗が激しくなったことがある。

枢機卿ウィリアム・アレンがイングランドのカトリック信徒のためにフランス北部のドゥエに創設した神学校は、イエズス会のエドマンド・キャンピオンのようなカトリック抵抗運動の指導者を生み出した。ピウス五世よりもさらにプロテスタントを忌み嫌った教皇グレゴリウス一三世の後援を受けて、抵抗運動のリーダーたちは秘密裏にイングランドに上陸し、地下運動を展開した。

こうした動きに対抗してエリザベスの重臣フランシス・ウォルシンガムがスパイによる捜査網を張り巡らしたことはよく知られている。諜報活動と併せて、エリザベスは新たな立法によりカトリック抵抗運動の撲滅を図った。一五八〇年に制定されたいわゆる宗教法は、イングランド臣民に女王への服従をやめさせようとしたり、イングランド教会ではなくローマ教会に服従させようとしたり、あるいは外国の君主や国家に服従させようとする者は全て反逆罪で処罰されることを規定した。

翌一五八一年には、前出のエドマンド・キャンピオンが逮捕された。ロンドン塔に監禁され、拷問が繰り返されたのち、大逆罪で有罪判決が下り、引き回し、首吊り、内臓抉り、四つ裂きという典型的な方法で処刑された。

一五八〇年の宗教法に引き続き、一五八五年にはイエズス会を主な標的と定めた法律（いわゆるイエズス会法）が新たに制定された。これにより、イングランドに入国するイエズス会士を反逆罪扱いとすることを定め、全てのカトリック聖職者は四〇日以内に国外退去することを命じた。イエズス会士を匿《かくま》う者は重罪に問われ、イエズス会神学校に学び海外に居住する全てのイングランド人は六カ月以内に帰国し、直ちに女王への忠誠を宣誓することを義務づけた。イエズス会は教皇に絶対服従する点に特徴があることに鑑みれば、この立法は、イエズス会のみならずローマ教皇がイングランドの君主にとっての敵であると宣言しているに等しい。それと同時に、以上の二つの新法により、教皇尊信罪はいっそう反逆罪と密接に関係づけられたことで、事実上、反逆罪の範疇に取り込まれたといってよい。

このように、反逆罪の概念は宗教的領域に食い込んでいったが、この関連で付言しておきたいのは、教皇尊信罪が反逆罪に吸収されるのに先立って、カトリックの脅威が魔術と結びつけられる傾向が表れたことである。カトリックは悪魔の力を借りてエリザベスの命を狙おうとしているという陰謀説が頻繁に囁《ささや》かれ、また、魔術を用いた女王暗殺陰謀事件に直接・間接に関与したカトリック信徒にはレジナルド・ポール枢機卿の関係者も含まれていた。

前章末尾で、中世末期における魔術と反逆罪の結びつきについて論じたが、その際、魔術が問題視されたのはあくまでも魔術が君主の生命に関わる目的で用いられた場合に限られていた。そもそも、魔術は教会裁判所の管轄であって、世俗権力の容喙《ようかい》を許さなかったからである。しかし、ヘンリー八世の治世において、一五四二年の魔術法が魔術を重罪とし、死刑や財産没収の処分を定めたことに象徴されるように、国王政府は魔術に関する管轄権を主張した。この路線はエリザベスによっても継承され、一五六三年の魔術法は特に殺人目的の魔術をクローズアップした。こうして、魔術は異端に関する教会法によってではなく、世俗法によって裁かれることとなった。魔術が世俗の管轄権の下に置かれたことは、魔術の関わる反逆行為ももっぱら反逆罪法によって裁かれることを意味した。ここにも反逆罪を通じて世俗権力が拡大しつつあるのを確認することができよう。

ちなみに、エリザベスの時代は、イングランドで魔女狩りが本格化した時期にあたる。シェイクスピアがエリザベス朝の時代を生きた人物であることに鑑みれば、エレノア・コバムの事件を『ヘンリー六世』が大きく扱っているのは偶然ではないであろう。シェイクスピアの中世末期の歴史劇は、彼自身が生きた時代をも間接的に物語っていると言えよう。

反逆罪法のローマ的変化

以上、カトリック信徒であるだけで反逆罪扱いとなりうるところまで、反逆罪の概念は変化を遂げてきたことを確認した。ただし、一五七一年の段階ではまだ、カトリックの信仰を持つことそれ自体よりも、イングランドの君主に対する忠誠心を拒否する点が問題の焦点だった。しかし、その一〇年後には、カトリック信徒を明らかに敵視するに至った。君主に対する忠誠心の撤回にしろ、カトリックの信仰を持つことにしろ、それ自体は君主の身体に危害を加える行為ではない。いずれも言語で表現される行為である。その意味で、ヘンリー八世の治世に反逆罪の概念に明確に含まれた言葉による反逆罪という考え方と密接な関連がある。

だが、発せられた言葉それ自体が反逆行為に相当するという場合、そのような言葉が国王の身体に危害を加えることを直接・間接に意図するものとは限らないとすれば、いったいその言葉は何にどのような危害を加えるものであると理解されているのだろうか。

ここがチューダー朝時代の歴史的意義を理解するための急所である。一五三四年の反逆罪法以来、チューダー朝時代の反逆罪法が画期的だったのは、国王の身体だけでなく国王の地位や権力、威信に対しても危害を加えるものとして反逆行為を理解した点である。

この重要な論点を敷衍するために、中世教会で反逆罪のアナロジーを用いて異端を理解したケースを振り返っておきたい。

第1章で教皇インノケンティウス三世が反逆罪のアナロジーを用いて異端という犯罪を法学

的に概念化したことを説明したが、そもそも異端とは、誰かの身体に危害を加える行為ではない。ローマ的な反逆罪理解に基づき、異端とは神に対する反逆であり、ひいては神的権威を帯びた教皇と教会のマイェスタスに毀損を加える行為として理解された。

ある人が正統信仰から逸脱する事実は、その信条を言葉で表現することによってはじめて明らかになる。すなわち、言葉を発することにより、神や教皇のマイェスタスを傷つけ、キリストの神秘的身体としての教会に攻撃を加えることが可能だということを意味する。このように、異端を反逆罪の一種として捉える見方は、言葉を口にしたり書き記したりするだけでも反逆罪を犯しうることを示唆する。

このような言葉による反逆罪とは、一三五二年の反逆罪法に照らせば、擬制反逆罪に相当し、反逆罪法の拡大解釈の結果である。しかし、一五三四年の反逆罪法では、国王の身体のみならず、その地位や権力、威信もまた、反逆行為を通じて傷つけられうる対象として特定された。これは、ヘンリー八世の反逆罪法が反逆行為のエッセンスを、マイェスタスを毀損することに見出した点でローマ的な性格を有することを如実に示している。法制史の分野では、イングランドのコモン・ローの伝統が、ローマ法の影響に対する「防壁」となったことが強調される傾向があるが、ヘンリー八世の治世以降、イングランドの反逆罪概念は、第1章で示した理念型としてのローマ的なものへと近づいたといってよい。

実際、チューダー朝時代に反逆罪理解がローマ化したことは、反逆罪を語る際、「威光《マジェスティ》」がキーワードとして頻出するようになったことに明らかである。たとえば、のちのエリザベス一世の治世に活躍した政治家のウィリアム・ランバードは、反逆罪を「威光それ自体への攻撃」だとして最悪の重罪とみなした。また、同時代の法学者トマス・ノートンによれば、威光の名を冠する正当な権威を否定したり汚したりすることはマイエスタス毀損罪という意味で反逆罪にほかならなかった。ここにはローマ法概念そのものが顔をのぞかせている。

教会から国家への「聖性の移転」

また、教皇尊信罪が、独立した犯罪カテゴリーではなくなり、反逆罪の概念と融合したことも、マイエスタス概念を中心に読み替えれば、教皇とその教会にはもはやマイエスタスは帰属しないとイングランド国王が宣言したに等しい。イングランド国王こそがマイエスタスを保持する主体であるという主張である。

これは、かつて歴史家ジョン・ボッシーが、教会から国家への「聖性の移転(migrations of the holy)」と命名した現象である。マイエスタスの本質は、既に論じたように、神聖不可侵であること、すなわち聖性にある。したがって、イングランド国王がローマ教会に代わってマイエスタスの担い手であると主張することは、ローマ教会からイングランド王国へ聖性が移転したことの宣言にほかならない。

もちろんローマ教会はイングランド国王によるマイェスタス獲得の主張を座視して済ませたわけではない。前述したピウス五世の教令レグナンス・イン・エクスケルシスは、イングランド王国の主張に対抗して、ローマ教会こそがマイェスタスを独占すると主張した。しかし、それがかえってエリザベス一世を挑発して、イングランド王国側がマイェスタスの占有をいっそう強く主張する結果を招来したのである。

ちなみに、王国の法によって反逆罪が裁かれると明言したことで否定されたのは、王国内の教会に対するローマ教会の管轄権だけではなかった。中世では一般的だった戦争法に基づく反逆罪という考え方も同時に否定されたのである。戦争法に基づいて反逆罪で裁かれた事例は、イングランドの場合、一五世紀末以降、見られなくなったと指摘したが、反逆罪に関する騎士道裁判所の管轄権は、ヘンリー八世の時代に否定された。その結果、原則として、戦争法によらず、(前章で解説した)大陪審による正式起訴と刑事巡回裁判官による審理という法的プロセスを経る傾向が強まった。

中世に世俗権力が反逆罪を重視し始めた頃は、世俗権力以外に、神に対する反逆罪としての異端については教会が管轄権を主張していたし、戦時における兵士の反逆罪については騎士道裁判所が管轄権を保持していた。これに対し、チューダー朝時代においては、君主という世俗権力が反逆罪に関する管轄権を独占する傾向が強まったということができよう。

3 フランス絶対主義の時代

一六世紀フランス

本章ではこれまでもっぱらイングランドに焦点を絞って論述を進めてきたが、同時代のフランスについても瞥見しておこう。

一五三九年、国王フランソワ一世はヴィレール・コトレの王令を発布した。この法律はあらゆる法律や法的文書においてフランス語を使用することを求めたことで有名であるが、その中で反逆罪についても規定している点が注目に値する。それによれば、国王の身体やその子供、さらに王国という政治共同体に反する企てや運動が反逆罪であるとされた。

こうした反逆罪の規定は、一五七九年のブロワの王令で繰り返されたが、それと同時に、外国人と内通して諜報活動を行ったり、国王の許可を得ないで王国外に出かけたり、国王の委任なしに挙兵したりすることも反逆罪に含められた。

以上のような立法の他にも、法学者たちによる反逆罪に関する論考がいくつか残されている。なかでも、近代主権論の創始者として知られるジャン・ボダンは、『国家論六編』(第二編第五章）で暴君を殺害することの是非を論じた際、反逆罪（lèse-majesté）に言及した。ボダンによれば、「主権を有する君主を殺す臣下だけでなく、そのように助言したり、殺害に同意したり、ただ殺害を望んだり思念したりするだけでも、その臣下は反逆罪で有罪である」。通常、法は邪悪な想念を処罰しないが、反逆罪だけは例外であり、主権者である君主の命を狙うことを考えるだけでも死罪に相当すると判定される、とボダンは付言している。

以上のように、一六世紀を通じて反逆罪についての立法や著作はフランスにも見られた。しかし、フランスで反逆罪への関心が高まるのは、むしろ一七世紀に入ってからであり、特にルイ一三世の時代である。

アンリ四世の暗殺

ルイ一三世の父アンリ四世は、フランス宗教戦争を終結させ、ナントの勅令を公布したことに象徴されるように、カトリックを正統としつつもプロテスタントに対して宗教的に寛容な政策で知られた国王だった。総じて人気の高い国王だったが、それでも暗殺者にその命をしばしば狙われた。

一六一〇年五月一四日、四輪馬車でルーヴル宮殿を出た国王は、交通渋滞で停車している間、馬車の開いた窓からいきなり侵入してきたフランソワ・ラヴァイヤックに短刀で胸を刺され死亡した。ラヴァイヤックはその場で直ちに逮捕されたが、暗殺の動機について供述したところによれば、国王アンリがプロテスタント信徒を保護していたことを危険視していたことに加え、国王がローマ教皇に戦争を仕掛けようとしているという想念に捕らわれていたという。つまり、この暗殺者にとって、国王暗殺は暴君殺害であって正当な行為だったわけである。

暴君殺害は、当時広く論議された政治思想的テーマだった。特にスペイン・イエズス会の神学者ホアン・デ・マリアナの暴君殺害論は、要職にある公人だけでなく一般の私人が暴君殺害という非常手段に訴えるとしてもそれは正当だと論じ、そのラジカルさが論争を呼んでいた。そのマリアナの理論をラヴァイヤックが知悉していたことは裁判官たちを驚かせた。

もちろん、国王政府が暴君殺害という主張の正当性を認めるはずはない。拷問を交えた審理の結果、ラヴァイヤックは反逆罪で死刑が宣告された。

大勢の群衆が待ち受けていた刑場では、まず短刀を握っていた手が溶けた硫黄で焼かれ、真っ赤に焼けたやっとこで胸や大腿部の肉が引き裂かれた上に、傷口には蠟と硫黄と溶けた鉛の混合物が注がれた。その後、受刑者は四頭の馬につながれ、それぞれ異なる方向に引っ張られた結果、四肢が引き裂かれた。バラバラになった身体に群衆が襲いかかり細切れにして焼却したと伝えられている。

この凄惨を極めた公開処刑と共に、まだ八歳だったルイ一三世の治世は幕を開けた。

ルイ一三世とリシュリューの宮廷政治

ルイ一三世の時代は処刑に処刑が相次いだ点で、ヘンリー八世の治世に似ていた。それは、フランス君主政が神聖な権威を占有することを断固たる決意と共に表現するものだったが、その裏には、有力貴族による不服従と反乱に国王政府が悩まされていたという現実があった。しかも、反国王勢力の中心には、国王の母マリ・ド・メディシスや国王の弟オルレアン公ガストンがいた。肉親同士の骨肉の争いだったのである。

マリ・ド・メディシスは暗殺されたアンリ四世の二番目の王妃である。彼女は、即位したばかりのルイ一三世の摂政として国政を担った。その際、マリと同郷人であるフィレンツェ出身のコンチーノ・コンチーニを重臣として登用した。マリとコンチーニは、ルイ一三世が政治に関与できる年齢になっても実権を握り続けたため、若い国王は不満を募らせた。

一六一七年、ルイ一三世は行動に打って出た。コンチーニを暗殺し母を宮廷から追放することで、政治の実権を奪い取ることに成功したのである。しかし、母マリの権力への執着は凄まじく、その後も母子間の対立はくすぶり続けた。実際、二年後の一六一九年、マリはガストンと共に挙兵している。

この反乱は失敗に終わったというものの、ガストンはそれ以後も反国王勢力の中心であり続けた。その背景には、ルイ一三世に長男（のちのルイ一四世）が一六三八年に誕生するまでガストンが王位に最も近いところにいたという事情があった。しかも、母マリがガストンを偏愛したこともあって、彼の政治的影響力は国王ルイにとって無視できない脅威だったのである。

マリとルイ一三世の間の母子戦争の仲介役として活躍したのがリシュリューである。リシュリューは枢機卿としてローマ・カトリック教会の実力者であると同時に、フランス宰相としてルイ一三世に国政を任された。急速に頭角を表したリシュリューは中央集権化によるフランス王権の強化を推進する。しかし、フランス大貴族はそうしたトップダウンによる意思決定に唯々諾々と従うのではなく、従来通り国王政府との交渉・協調を通じて国政に参加し続けるべきだと考えた。したがって、大貴族は自分達の影響力を削ごうとするリシュリューの新方針を面白く思わなかった。そこで王位継承の可能性があったガストンを担ぐことで国王ルイ一三世とリシュリューに反旗を翻す動きが現れたというわけである。

そうした事例に、一六二六年のシャレー伯陰謀事件がある。首謀者だったシャレー伯アンリ・ド・タレーラン＝ペリゴールはリシュリューの暗殺を企て、ガストンやその異母兄弟も関与していたが、計画は未然に露見した。

逮捕されたシャレー伯は、審理の結果、反逆罪で有罪判決が下った。刑罰は斬首刑だったが、シャレー伯にとっては不幸なことに、死刑を執行したのは全く経験のない人物だった。三〇回以上も斧を振り下ろしてようやく頭部の切断に成功したという。一方、ガストンとその異母兄弟もその陰謀に関与したが、彼らは反逆罪に問われなかった。それは国王と血縁関係にあったからである。

シャレー伯陰謀事件をきっかけとしてリシュリューは、大貴族の反乱を抑止する上で最も有効な方策とは反逆罪の範囲を拡大することだと認識した。その具体策として、一六二九年に成立したミショー法典に反逆罪の規定が盛り込まれた。結果、外国の大使と連絡を取ったり、必要以上の兵力を有したり、煽動文書の執筆や拡散に関与したりすることを国王の許可なしに行うなら反逆罪に相当することとなった。

ルイ・ド・マリヤックの裁判と反逆罪論争

ルイ一三世の治世の反逆罪事件といえば、もう一つ有名な事例がある。国璽尚書ミシェル・ド・マリヤックとその弟でフランス国元帥ルイ・ド・マリヤックの場合である。二人はいずれもマリ・ド・メディシスの庇護を得て台頭した人物で、特に兄ミシェルはカトリック保守派《デヴォ》であった点でもマリと歩調があっていた。

マリやミシェル・ド・マリヤックらカトリック保守派は、特にハプスブルク家の支配下にあったカトリックのスペインと協調する外交路線を主張していた。ところが、リシュリューは、スペインとオーストリアを中心に、フランスを包囲するかのように勢力を有したハプスブルク家に対抗する外交・軍事政策を展開したために、マリを支持したカトリック保守派と鋭く対立したのである。

一六三〇年一一月一〇日、マリとリシュリューの間の政治的緊張は頂点に達し、国王ルイ一三世は両者との会談で打開を図ろうとしていた。しかし、マリは断固としてリシュリューの解任を国王に迫る決意だった。

翌一一日の会談の結果、リシュリューはルイ一三世の信任を失ったと思い込み、失意に沈んだ。一方、勝利を確信したマリは、リシュリューに代わる新宰相はミシェル・ド・マリヤックであると公言した。

ところが、同日夜、ルイ一三世はリシュリューと会談し、彼を宰相にとどめる意思を伝えた。母親との関係より国家の利益を優先させた結果だった。リシュリューもマリも国王の意思を読み間違えたのである。

早くも翌一二日には、リシュリュー失脚に向けて策謀していた嫌疑で、ミシェル・ド・マリヤックは国璽尚書の役職から解任された。また、母マリへの譲歩としてルイ一三世がイタリア派遣軍総司令官に任命したばかりのルイ・ド・マリヤックもまもなく逮捕された。

このように一一月一一日を中心として目まぐるしく変転した宮廷政治情勢は、「欺かれた者たちの日」として知られている。マリだけではなくガストンもまた、スペイン支配下の領土へ逃亡した。

「欺かれた者たちの日」を最終的に締め括ったのは反逆罪裁判だった。マリヤック兄弟は二人とも裁判にかけられたが、ミシェルは判決を待たずに死亡した。ここで素描しておきたいのは、弟ルイの裁判である。

リシュリューの時代には、要人を反逆罪で裁く際には特別委員会が組織された。そうすることで、パリ高等法院による通常の司法プロセスをバイパスしたのは、正規のプロセスを経た裁判結果をリシュリューが信用しておらず、自分自身のコントロールの下に置きたかったからであろう。実際、特別委員会を構成した裁判官はリシュリューが選択・任命し、特別委員会の法廷はリシュリューの自邸を舞台とした。

このようにしてリシュリュー自身が期待する判決をくだすことは、謀略を封じ込めるための見せしめとすると同時に、リシュリュー自身の政治的権威を改めて有力貴族に見せつける政治的意図を有していたであろう。すなわち、リシュリューの政策はルイ一三世の全面的支持を受けていた点で、国王の政策そのものと言ってよい権威を帯びていたために、リシュリューの政策に異を唱えることは反逆罪に等しかったのである。

ルイ・ド・マリヤックは裁判で力強い弁論を繰り広げ、マリ・ド・メディシスも介入を試みたが、被告が有罪判決を免れることはなかった。判決の二日後、ルイ・ド・マリヤックは反逆罪で斬首刑に処された。

ここで注目に値するのは、この裁判の前後に生じた反逆罪をめぐる論争である。一六三一年三月にルイ一三世は、ガストンに国外への逃亡を助言し、王弟に代わって挙兵する者を反逆罪に問うと宣言した。これに対してガストンはルイ一三世に宛てた文書で、リシュリューが国王権力を簒奪し自分自身が主権者であるかのように振る舞っていると批判した。その文脈で、ガストンは、反逆罪がもはや国王や国家に反する犯罪ではなく、ただ単にリシュリューの政策に服従しないことを意味するようになってしまっていることを問題視した。これに応答して、ルイ一三世はガストンの批判が国王の威信と主権に対する攻撃を意味すると主張した。

ガストンとルイ一三世の間の応酬に続いて、一六三一年から翌年にかけて知識人たちによる論戦が繰り広げられた。国王陣営を代表する論者の一人がポール・エ・デュ・シャトレである。彼は、リシュリューがルイ・ド・マリヤックの審理に任命した裁判官の一人だった。

エ・デュ・シャトレによれば、君主の判断に異議を唱えるのは、君主の地位を貶めるに等しく「瀆神的」である。「瀆神的」という表現は、擬似宗教的な神聖さを国王が帯びていることを示唆しており、それはまさに犯すべからざる国王のマイェスタスである。ローマ的な反逆罪理解を前面に押し出しているのである。

同様に、詩人としても知られた政論家のジャン・シルモンは、国王とリシュリューの関係を太陽と太陽光線に喩えた。つまり、国王のマイエスタスを受けて宰相リシュリューも国王同様に光り輝く存在だという。したがって、国王ルイ一三世とリシュリューとを区別する意味はほとんどない。その結果、リシュリューに服従しないことは国王に対する反逆行為と全く同じことを意味することになる。

ちなみに、シルモンは、国王のみならず国王の重臣に対する攻撃もイングランドでは反逆罪に相当することを指摘し、フランスでも同様にすべきだと主張している。反逆罪の範囲を拡大することにかけてはイングランドの方が一歩先んじていたことは、一七世紀前半のフランス知識人も認識していたのである。

以上のような国王陣営の主張に対して、カトリック保守派の言論人は黙っていなかった。後者の代表格がマチュー・ド・モルグである。かつてはリシュリュー支持だったが「欺かれた者たちの日」を境にカトリック保守派に転じた彼は、君主に疑義を呈することが瀆神的だというエ・デュ・シャトレの主張を「狂気の沙汰」だと一蹴している。なぜなら君主にそれほどの信頼を寄せねばならないなどとは、カトリック・キリスト教の信仰箇条にはなく、したがって、君主に疑いをかけてもそれは罪にならないからである。つまり、ド・モルグは国王に神聖不可侵なマイエスタスとしての性格を認めなかったのである。

これは国王派の立場からすれば不敬極まりない主張であろう。しかし、ド・モルグは国王の権威を否定したのではなかった。実際、この論争における彼の著作は『恐れ多いながらも真実かつ重要ゆえ国王に申し上げる訓戒』と題されていることにも見てとれるように、国王に直接、諫言《かんげん》することが事態を改善する道だと考えていた。

しかもド・モルグの批判はあくまでもリシュリューに向けられており、その主要論点の一つは、リシュリューが反逆罪の範囲を不当に拡大したという主張だった。前出のシルモンが反逆罪の拡大適用の必要を訴えた点でド・モルグの立場と正反対であるが、ここにはまさに反逆罪を拡張することの是非が争点だったことを確認できる。また、中世の武勲詩でも描かれたのと同様、国王の望ましくない行動についてはその廷臣の国王に対する悪影響を問題視する視点をここに読み取るのは容易であろう。

カルダン・ル＝ブレの反逆罪論

国王派とカトリック保守派との論争は、一六三二年、反逆罪に関して重要な理論書を生み出した。カルダン・ル＝ブレの著作『国王主権論』がそれである。ル＝ブレは、リシュリューの最盛期からルイ一四世の治世の初期にかけて、評定官やパリ高等法院の次席検事といった要職にあった法服貴族だった。リシュリューにとって重要なアドバイザーであり、前述のルイ・

ド・マリヤックをめぐる特別委員会の法廷でもエ・デュ・シャトレ同様、裁判官に任命され、被告の死刑判決に一票を投じている。

ル＝ブレは、フランス絶対主義の伝統では看過できない存在である。ルイ一三世とリシュリューによる絶対主義体制の構築に、法服貴族として法実務に貢献しただけでなく、その体制を支える理論を創出することでも重要な役割を果たした。

ル＝ブレによれば、国王はその領土における公的権威の全てを神から直接かつ独占的に受け取っている。ただし、それは国王の領土や公的権威のすべてが国王の私有物だという意味ではない。それはあくまでも公的なものであり、基本法の制約の下にあるとル＝ブレは指摘している。その点で国王による権力行使は恣意的であってはならず、共通善に奉仕しなければならない。全国三部会や地方三部会と協調しつつ、国王権力は穏当な仕方で行使されなければならないという。

このように、ル＝ブレの絶対主義理論は、権力行使に際しての国王の自由裁量権を最大化したという側面があるとはいえ、その一方で、共通善に奉仕しなければその権力行使は正当とはいえないという制約を忘れたわけではなかった。したがって、ル＝ブレの絶対主義理論は、国王が共通善を侵すことで暴政を敷く理論的可能性を否定しない。しかし、実際にはそうした事態は起こりにくいという認識も示している。

以上を前提として、ル＝ブレは、国王権力が包括的であり最大のものであると主張する。その権力は立法、行政、司法すべてにわたり、いずれの分野でも最高の権威を持つ。したがって、パリの最高法院ですらその権威や管轄権は国王から授与されたにすぎない。最高法院が新しい立法に異議を唱えても、それは国王に対する進言にすぎず、最高法院の同意を取りつける必要は国王にはなかった。

『国王主権論』はこのような主張を展開した上で、ローマ法や古代ローマの史書を参照しつつ反逆罪を論じている(第四部第五章)。

ル＝ブレによれば反逆罪は三つに大別できる。第一は、君主を中傷すること、第二に、君主の命を狙うこと、第三としては、国家に対抗する陰謀を企てることである。第二のタイプはこれまでの論述から明らかなように伝統的な反逆罪理解である。ル＝ブレは、君主の身体への攻撃が王国全体を危機に陥れることを強調した。それは国王が「国家という身体に生気をもたらす魂」だからである。国王という「魂」がいる限り平和と正義がもたらされるが、国王を失えば無秩序と暴力が支配的になると警告している。

第三のタイプも新奇なものではない。外国人と内通して諜報活動を行ったり、国王の許可を得ないで王国外に出かけたり、国王の委任なしに挙兵したりすることを反逆罪であると詳説するにあたって、前出のブロワの王令(一五七九年)に言及することでフランスの法的伝統の強固さを指摘している。また、君主の寿命を知るために占星術を用いることも反逆罪であると指摘している。

ここでむしろ注目したいのは第一のタイプである。リシュリューは、自らの権力基盤を強固にするため、あらゆる煽動活動を反逆罪とみなし、自らの政策に反対する者も国王の政策に反対するのと同様であるとして反逆罪扱いとした。こうした法実務の実際を反映して、ル＝ブレは、国王およびその政策への中傷は「瀆神的」であるとして、反逆罪に相当すると論じた。「主権的君主は神の代理人であり、神の生ける似姿であり、聖書にある通り地上の神であるから、君主の人格は神的、聖なるものとして尊重されねばならない」からである。したがって、厳格な処罰の対象には明白な中傷や批判的言辞だけでなく、国王を冗談まじりに愚弄したり揶揄したりするのも含まれた。明らかに、主権者の法的・政治的至上性だけでなく、神聖不可侵な側面（すなわちマイエスタス）が強調されている。まさにローマ的な反逆罪概念そのものである。

しかし、ローマ法は古代ローマの法律である。それをフランスの君主に適用するのは果たして妥当なのかという疑問にル＝ブレは応えて言う。反逆罪に関するローマ法をフランス国王の場合に適用してもかまわないのは、その犯罪が主権的支配の性質そのものに関わっているからである。もちろんローマ法における反逆罪それ自体は既に遠い昔の話であるが、ローマ的な反逆罪という概念は新たな文脈において復権させることが可能であり、またその必要があるとル

＝ブレは主張する。

このような考え方は中世に前例がある。一三世紀のローマ教皇インノケンティウス三世は、教皇に比肩しうる公的権威は存在せず、皇帝たりといえども教皇を裁くことはできないとして教皇権力の至高性を主張した。また、中世の世俗君主も自分の領内における権力の至高性を主張するために「国王は自国領土内では皇帝である」という法的格言を好んで用いた。ある国王の領内では、神聖ローマ皇帝といえども国王より上に立つことはできなかったのである。

ル＝ブレの反逆罪論が画期的だったのは、ローマ的な反逆罪概念を国王の主権論にとって必要不可欠な要素として位置づけた上で、国王の主権に法的政治的な意味合いだけでなく神聖不可侵なマイェスタスとしての擬似宗教的な側面を理論的に強調した点にある。本格的にローマ的な反逆罪論が一七世紀半ばのフランスで打ち立てられたのである。

第4章

反逆罪の転回

チャールズ1世の処刑(出典：ハーバード大学ホートン図書館)

1　スチュアート朝時代

ガイ・フォークス・ナイトの起源

英国やニュージーランドでは、毎年一一月五日の夜に焚火《ボンファイア》や花火でお祝いをする慣習がある。いわゆるガイ・フォークス・ナイトであるが、もとを辿れば、一六〇六年の制定法で一一月五日を神に感謝《サンクス・ギヴィング》を捧げる祝日と定めたことに由来する。

神に感謝したのはなぜかと言えば、それは国王ジェームズ一世が爆殺を逃れ、政府転覆の陰謀が失敗に終わったからである。一六〇五年一一月四日の深夜、貴族院の地下に仕掛けられた大量の爆薬が発見され、それを管理していたガイ・フォークスが逮捕された。その翌日には議会開会式が執り行われる予定だったのであり、その式典に出席した国王ジェームズ一世を爆殺しようとしていたのである。これがいわゆる火薬陰謀事件である。

陰謀が発覚したのをロンドン市民が焚き火をして祝ったのが、一一月五日のガイ・フォークス・ナイトの起源である。

首謀者たちは全てカトリック信徒だった。前章でエリザベスの治世にカトリックへの締め付けが厳しくなったことを解説したが、火薬陰謀事件は、カトリック信徒による抵抗運動の頂点ともいうべき事件だった。それは発見された爆薬の大量さに象徴される。仮に爆破が成功していたら、国王と重臣だけでなくその場に居合わせた議員全てが死亡していただろうと推定されている。つまり、国王の命を狙っただけではない。国王政府の要人全てを殺害する企てだったのである。その規模の大きさは前代未聞であり、まさに政府を転覆する試みだった。

火薬陰謀事件

この事件の二年前、一六〇三年にエリザベスが子供を持たないままに死去したことで、チューダー朝は途絶えた。その後を継いだのは、メアリー・スチュアートの長男としてすでにスコットランド国王だったジェームズ六世であり、イングランド国王としてはジェームズ一世と名乗った。彼を始祖としてスチュアート朝(一六〇三―一七一四年)が始まるが、この新国王の宗教政策は、エリザベスのそれと大差がなかった。

イングランド王として即位したジェームズの最初の仕事はスペインとの戦争を正式に終結させることだった。一六〇四年のロンドン条約でスペインはイングランドにおける対カトリック政策に介入しないことを約束した。エリザベスの時代にはスペインの関与をカトリック信徒たちは期待できたが、対スペイン戦争が終結した今ではもはや無理な相談だった。

格言に「窮鼠猫を嚙む」という。追い詰められていったカトリック信徒の間には思想的に急進化する者が現れた。そうした過激派の一人、ロバート・ケイツビーが火薬陰謀事件の首謀者である。ケイツビーは計画を立ち上げた際、四人を仲間に引き入れたが、そのうちの一人が前出のガイ・フォークスだった。

国王と政府要人の暗殺を実現するため、貴族院の真下の地下室に火薬を運び込む作業が秘密裏に進行する一方で、暗殺が成功した後の新体制についての青写真も描かれた。すなわち、ジェームズの娘エリザベス王女を傀儡君主として擁立し、カトリック・キリスト教の復興を図る計画だったのである。

ところが、この陰謀は思わぬところから露見する。議会開会式の参加者にはカトリック信徒も含まれており、その一人だったモンティーグル男爵は、式典に出席しないよう警告する匿名の手紙を受け取った。これを不審に思った男爵が国王政府に通報したため本格的な調査が行われたのである。こうして計画決行の前夜、捜査官は貴族院の地下室でフォークスを逮捕し、多数の火薬樽を発見した。

フォークス逮捕の知らせを受けて、陰謀に関与したメンバーは逃亡を試みたが、首謀者ケイツビーを含む数名は追っ手との戦闘に際して死亡した。その他のメンバーは逮捕され、当時法務長官を務めていたコモン・ロー法学者のエドワード・クック(日本語では「コーク」と表記されることが多いが、ここでは原語の発音に近い表記とした)による取り調べを受けた。

クックといえば、のちに国王チャールズ一世とバッキンガム公の失政を批判し、いわゆる権利の請願を起草するなど、国王大権に対抗し議会の強化に努めたことで知られる。しかし、このような庶民院の知的リーダーというイメージはあくまでもクックの後年の姿であって、そのキャリアの初期には法務長官として王権の熱烈な代弁者だった。エリザベスの治世の末期にクーデターを謀ったエセックス伯やジェームズ一世の即位に反対したと嫌疑をかけられたエリザベス一世の寵臣ウォルター・ローリーの裁判では、被告に対してクックは激しい攻撃を展開した。火薬陰謀事件の裁判でもその弁舌の激烈さは同様で、前章で論じたル＝ブレのように、国王に対する一撃は王国全体を破壊するものだと論難した。しかも、その長大な論告を締めくくるにあたって、馬による引き回し、首吊り、内臓抉り、四つ裂きという処刑法の象徴的意味を長々と語った。

フォークスを含む八人は反逆罪で有罪判決を受け、クックが詳細に解説した方法で処刑が執行された。処刑場は、エリザベス・バートンやエドマンド・キャンピオンらが処刑されたことで有名なタイバーンではなく、ウェストミンスターのオールド・パレス・ヤードが選ばれたが、そこが火薬陰謀事件で破壊しようとした、まさにその場所だったのは偶然ではなかったであろう。

ちなみに、このような陰謀事件に直接的に関与せずとも、陰謀の存在を知りながら当局に通報しない場合、反逆行為隠匿罪《ミスプリジョン》に問われ、反逆罪と同様の扱いを受けた。火薬陰謀事件では、その性質上、ヘンリー・ガーネットのようなイエズス会士の関与も疑われた。ガーネットは陰謀について罪の告白として聴いたため、その内容を他言することが厳禁されていた。彼もまたクックの激しい取り調べののち、反逆罪で有罪判決を受け処刑された。

この陰謀事件は、エリザベス時代に見られた宗教的背景を持つ一連の反逆罪事件の系譜に属するが、そのスケールの大きさで前例のないものだった。しかも、国王の命を狙うというにとどまらず政府要人をも同時に爆殺することを意図していた点で、その狙いは実質的に政府の転覆にあったと解釈することが可能である。その意味で、クックが指摘したように、反逆罪がまさに政治共同体全体に激震をもたらしうる行為であることを如実に示した。

そうした反逆罪理解は、もちろん古くは一二世紀のジョン・ソールズベリーが既に明言していたことである。しかし、そのような認識が一部のエリート知識人だけでなく、広く公衆の間で共有されるようになったことの意義は大きい。実際、一六〇六年の制定法で一一月五日を神に感謝を捧げる祝日《サンクス・ギヴィング》と定めたことで、この陰謀事件が長く民衆の記憶に留められることとなった。

火薬陰謀事件は、国王個人を守ることが王国全体を守ることを意味するという認識を広く普及させた。その意味では、国王個人への忠誠心こそが重要だという伝統的な考え方をイングランド人に改めて再確認させた事件だったといえよう。この認識は次に取り上げる訴訟事件にも見出すことができる。

カルヴィン事件

一六〇三年にロバート・カルヴィン(実際の姓はコルヴィルだが、下記の訴訟における起訴状で誤記された)という男子がスコットランドで誕生した。その年は、ちょうどイングランド王位がスコットランド国王ジェームズ六世によって継承され、イングランド王としてはジェームズ一世を名乗った年だった。

それから五年後の一六〇八年、カルヴィンの保護者はカルヴィンが相続権を持つはずのイングランド国内の不動産を不法に奪取されたと主張して、イングランド王座裁判所にニコラス・スミスとロバート・スミスを訴えた。これに対し、ふたりのスミスは、カルヴィンが外国人であるからイングランド国内の不動産の占有権を持ちえないし、そもそも、イングランドの王座裁判所に訴える法的資格もないと反論した。

スミスの主張の要は、カルヴィンがスコットランド生まれである以上、イングランド王国における忠誠義務を負わないという点にあった。しかし、前述したように、カルヴィンが生まれたのは、スコットランド王ジェームズ六世が、イングランド国王を兼任するようになった年だった。したがって、この年以降にスコットランドに生まれた者は、イングランド国王に忠誠義務を負うのかどうかが争点となった。もしスコットランドに生まれた者がイングランド国王にも忠誠義務を負うとすれば、当然、イングランド王国の法的保護を受けることが可能になる。だとすれば、スコットランドに生まれた者でもイングランド国内の不動産の占有権を主張できることになる。

ジェームズ一世が任命した、エドワード・クックをはじめとする一四人の裁判官による審理の結果、ジェームズがイングランド国王として即位したのちにスコットランドで出生した者は、イングランドにおいて外国人とはみなされず、国王の臣下としてイングランド国内の不動産の相続権を主張できる、と定めた。この判決の急所は、ジェームズがイングランド国王として即位したのちにスコットランドで生まれた者は、スコットランド国王だけでなくイングランド国王への忠誠義務も負うという点である。スコットランド国王とイングランド国王が同一人物だからである。

ただし、念のために注記すれば、スコットランドとイングランド両国の間で法的システムが統合されたのは、一七〇七年のイングランドとスコットランドの連合王国の誕生以後のことであって、ジェームズの治世はあくまで二国の王位を兼任したにとどまった。

以上がイングランド法制史で有名な「カルヴィン事件」の概要であるが、読者の中にはこの事件が反逆罪といったい何の関係があるのかと訝《いぶか》る向きがあるかもしれない。以下に敷衍しよう。

「王の二つの身体」

カルヴィン事件についてエドワード・クックが著した報告書はその影響力の大きさで名高い。その重要な貢献とは、出生にあたって人が王国の臣民としての法的地位を獲得する条件を明確にしたことである。すなわち、イングランド国王の支配権のもとにある土地で出生した人はすべて、コモン・ローに基づき、国王への忠誠義務を負うが、それと引き換えに、イングランド人としての権利と自由を享受できる、という原則を樹立した。

これは、国内で生まれた子供に国籍を付与する原則で、生地主義(jus soli)という法的立場である。アメリカ合衆国がこの原則を採用する好例である。一方、両親との血縁関係に基づいて子供に国籍を付与するのが血統主義(jus sanguinis)であり、たとえば日本はこの立場に立つ。

さて、以下の論述との関係で重要なのは、国王の領土内で出生した者が忠誠義務を負う対象とは、国王の「自然的身体」であるという点である。ジェームズがイングランド国王として即位したのちにスコットランドで生まれた者が、スコットランド国王だけでなくイングランド国王への忠誠義務も負うのは、両国王が自然人として同一人物であるという点が重要視されている。ここには、忠誠関係があくまでも国王という自然人とその臣下である自然人との間の個人的なものだという基本認識を認めることができる。

この点は政治思想的に見逃すことのできない意義を持っている。ここでの核心は、王国における忠誠義務とは、何をおいてもまず国王個人に対するものであるという主張である。この考え方から導き出されるのは、国王という自然人とは無関係に、王国という非人格的な(自然人ではない)存在への忠誠義務は成立しないという考え方である。つまり王国という非人格的存在だけに対して臣下は忠誠心を抱くことはできない。王国への忠誠というものが成り立つには、まず国王個人への忠誠を介さなくては不可能だということである。その意味で、国王個人と王国とは密接不可分の関係にあった。

以上のような議論は、かつて歴史家エルンスト・カントロヴィッチがその古典的著作『王の二つの身体』で論じたテーマと密接に関わっている。個人としての国王は、いつかは死なねばならない。しかし、国王権力が継承されてゆくことで王国は死ぬことはない。この考え方を中世の法学者たちは、国王には二つの身体があると表現した。ひとつは国王の死すべき自然的身体であり、もうひとつは国王の神秘的で決して死なない政治的身体(すなわち政治共同体)である。個人としての国王は死んでも、王権と人民からなる神秘的な団体としての王国(=王の政治的身体)は不死のまま存続し続けるという考え方である。「国王には二つの身体がある」とは、国王という自然人と王国という非人格的存在（すなわち国土やそのほかの公的な財、およびすべての臣下からなる永続的な集合体）とは密接不可分にあることの別表現である。

しかし、ジェームズ一世をめぐる状況は「王の二つの身体」という当時広く普及していた考え方からすると大きな問題をはらんでいた。なぜなら、王は、自分自身の肉体とは別に、スコットランドとイングランドというふたつの政治的身体を持つことになったからである。つまり頭はひとつだが、胴体はふたつの状態である。カルヴィン事件は、イングランドとスコットランドはそれぞれ別の議会と法体系を持つままであった。カルヴィン事件は、王の政治的身体がふたつに分かれたままで統合されていない事態を象徴する事件だったわけである。

ジェームズ一世もそのことは百も承知だった。だからこそ、その政治的身体が「分裂した怪物的身体」だとみなすことを「無分別」だとジェームズ一世はあえて主張しなければならなかった。さらにジェームズ一世は、かつてダンテやペトラルカが、皇帝をローマにとっての夫とみなすメタファーを用いたのと同様に、自分が「ブリテン島全体」を妻とする夫であると論じることで、イングランドとスコットランド両方を含む国土に対する主権者であることを印象づけようとした。

カルヴィン事件に関与し報告書をまとめたクックの結論は、前述の通り、国王の自然的身体こそが臣下にとって忠誠心の対象だというものだった。この結論から導き出される反逆罪についての理論は、もちろん伝統的な見解に沿ったものとなる。カルヴィン事件に言及した際、カントロヴィッチはクックの反逆罪に関するコメントを次のように引用している。反逆罪、すなわち「王の死と破滅を(中略)意図し、これを企てることも、王の自然的身体につき言われていると理解しなければならない。なぜならば、彼の政治的身体は不可死であって、死に服さないからである」(傍点、引用者)。ここには、一三五二年の反逆罪法以来の伝統的な反逆罪概念が「王の二つの身体」という考え方を踏まえつつ示されている。

2　反逆罪のメタファー

法概念ではない「反逆罪」の登場

ここまで、スチュアート朝の最初期には、反逆罪は王国と密接不可分の関係にある国王個人の自然的身体に危害を加える行為として理解されていたことを確認した。一七世紀初期においてもなお反逆罪の根本的理解は中世末期のそれと大差がないかのように見える。

しかし、この頃までには、反逆罪をめぐる言説は法律論の枠をはみ出してしまっていたことに注目したい。つまり、反逆罪は法的カテゴリーにとどまらず、何らかの意味で国を裏切ったとみなされた者に関しても反逆者の烙印を押す傾向がチューダー朝時代からすでに始まっていた。反逆罪をメタファー的に転用する政治的レトリックが誕生したのである。その結果、反逆者という日本語にあたる英語のトレイターは、法的な意味で反逆罪を犯した者だけでなく、より広い意味で国を裏切った者をも意味するようになった。「国賊」「非国民」そして今日の日本であれば「反日」といった非難の言葉がそれにあたる。

以下の論述では、法的に起訴されたわけではないが、国を何らかの意味で裏切ったために公的に糾弾されるべき人々という意味でトレイターという英語が用いられる場合、「国賊」という日本語表現を用いる。そうすることで、法的な意味で反逆罪を犯した反逆者《トレイター》と区別したい。

「国賊」を非難する言語表現の用例は、反逆罪という法概念と同様、少なくとも古代ローマにまで遡ることができる。第1章で言及した「内乱罪」や「マイェスタス毀損罪」といった法律上の術語ではなく、より一般的な意味で裏切ることをラテン語では proditio と表現した。「裏切り者」であれば proditor となり、祖国を裏切る「国賊」なら proditor patriae である。

ただし、古代ローマの伝統に見られる「国賊」とは、敵国に武器を供給したり、金銭目当てで自国を売ったりする人々を意味し、反逆罪に準ずる存在であったといってよいであろう。このような意味でなら「国賊」という表現は、中世ヨーロッパでも用いられた。たとえば、一四世紀のイタリア・ルネサンスを代表する人文主義者ペトラルカの書簡には「祖国の裏切り者ども(proditores patriae)」という表現が見られ、その意味を解説して古代ローマの詩人ウェルギリウスの『アエネイス』を引用している。

「この者は金《かね》のために祖国《くに》を売り、僭主を据えた。
金のために法を布《し》き、法を廃した」(第六巻六二一―六二二)

チューダー朝時代のイングランドでもいろいろな政治論争的著作が「国賊」に言及している。しかし、その意味内容は明らかに変化を遂げていた。その明白な例は、クリストファー・グッドマンの『上位権力は臣下によってどのように服従されるべきか』(一五五八年)である。グッドマンは、エドワード六世の時代にはオックスフォード大学の神学教授だったが、エドワードの死後に即位したメアリー一世がカトリックへの回帰を目指したことによる宗教的迫害を逃れてジュネーヴに亡命した。異国の地でこの著作を執筆し、支配者への服従が無条件的な義務ではないことを訴えたのである。

グッドマンはプロテスタントの神とカトリックの女王の両方には同時に服従できないジレンマを論じて言う。「女王に従うことで人は偶像崇拝的な偽善者、そして自分自身の国にとって国賊となる」。さらに続けて「女王(つまりメアリー)に抵抗することで人は神の真に礼拝する者となり、かつ信心深いイングランド人となる」。

ナショナル・アイデンティティに対する反逆

ここで注目すべきは「女王に服従すること」が「自分自身の国にとって国賊となる」ことを意味するという主張である。女王に服従するのだから、敵国に武器を供与するのではなく自国を金銭目的で売るわけでもない。しかも前節で論じたように、「王の二つの身体」という考え方からすれば、国王個人への忠誠は、必然的に、国王の政治的身体（すなわち政治共同体）への忠誠をも意味した。この見方からすれば、女王に服従することは、とりもなおさず国への服従を意味したはずである。しかし、グッドマンによればそうではなく、むしろ自分の国に対して反逆罪を犯すことに類比される行為である。グッドマンの議論では、「王の二つの身体」という考え方に照らしてみれば、王の自然的身体と政治的身体は密接不可分の関係にはなく、むしろふたつは切り離されてしまっている。

ここでは、厳密に法的な意味での反逆罪とは異なる、いわばメタファーとしての反逆罪をグッドマンは論じているが、そのメタファー的な意味での反逆罪とは、いったい何を裏切る行為なのだろうか。

この問いに歴史家ヒラリー・ラーキンはこう回答する。メタファー的に反逆罪を犯す者、すなわち「国賊」とは、ナショナル・アイデンティティを裏切る存在である。自分はネイション（国民）――イングランド人や日本人など――の一員であるという自己認識、それがナショナル・アイデンティティである。チューダー・スチュアート朝の時代には、イングランドにイングランド人(Englishmen)であるという国民的《ナショナル》な自己意識が誕生した(ただし、この時代には貴族やジェントリーなど裕福なエリート層に属する男性のみが想定されていたことに注意)。

人がナショナル・アイデンティティを持つなら、自分が属するネイションについてある特定のイメージを抱いている。自分のネイションについてのイメージとは多面的でありうるが、それと同時に、自分のネイションについてのイメージが形成されるということは、それとは異なる「外国人」を強く意識するようになることをも意味する。一六世紀から一七世紀にかけてのイングランドでは、「イングランド人」対「外国人」という認識図式が明確になったというわけである。

それと共に、イングランド人であるはずなのに外国人のように振る舞う人を「イングランド人らしくない」として非難するメンタリティーも醸成されることとなった。

チューダー朝時代のイングランド人の場合、自分がイングランド人であるということを強く意識するようになったのは、まず言葉遣いやファッションの分野であった。イングランド人ならば言葉遣いが平易で簡潔であり、ファッションも簡素なものが好まれるという理想型がこの時代に形成された。

その結果、言葉遣いに無駄が多く、ファッションが装飾だらけで華美な場合、イングランド人らしくないと見做されるようになった。この点、フランス人やイタリア人そしてスペイン人が「外国人」として想定されており、彼らの華美で不自然とされた色彩（たとえば黄色）を好むファッションはイングランド人にふさわしくないものとされた。

また、これまでの論述から明らかなように、宗教もまたイングランド人としての自己意識を規定した。前章で詳説したように、一六世紀のイングランドはカトリック・キリスト教と絶縁し、プロテスタントのキリスト教信仰を奉ずる国としての道を歩み出した。

毎日曜日にイングランド教会へ足を運び祈禱に参加したり、聖書の英語訳（とりわけジェームズ一世時代の欽定訳）に接したりすることは、イングランド人としてのナショナル・アイデンティティを確認し強化する機会でもあった。神学者ジョン・フォックスの『殉教者列伝』（一五六三年）は、イングランドの歴史をキリスト教信仰の最先端に位置するものとして描き、プロテスタントであるイングリッシュ・ネイションこそが神によって選ばれた民であるという意識を醸成することに貢献した。

その反面、カトリック教徒であることはイングランド人にふさわしくないとされ、「非英的」あるいは「反英的」（unEnglish）であると非難されるようになった。カトリックであるなら、前章で論じたように、法的に反逆者扱いされかねなかったが、その上、ナショナル・アイデンティティにも反するというメタファー的な意味でも反逆的（すなわち「国賊」）であるとみなされたわけである。実際、反逆罪で有罪判決を受けたイエズス会修道士のエドマンド・キャンピオン

（前章を参照）は、同時代の文献では、イングランドとは疎遠になり外国人であるかのように描かれている。

スチュアート朝時代に入ると、イングランド人としてのナショナル・アイデンティティには、政治的主体としての要素が付け加わった。イングランド人は自由と権利の主体であるという認識である。イングランド人であるなら、生まれながらにしてイングランド人固有の自由と権利を持っている。したがって、その自由と権利が蹂躙されてもそのまま放置しておくなら、イングランド人にふさわしくないとみなされた。

以上のように、一六世紀から一七世紀にかけて生じたイングランド人としてのナショナル・アイデンティティは、言葉遣いやファッション、宗教、そして政治に関する意識だった。ここで注目したいのは、このナショナル・アイデンティティはいずれもある抽象的な理想や理念に関わっているという点である。言葉遣いやファッションの簡素さ、カトリックではなくプロテスタントの信仰、そして自由や権利の主張、どれを取って見てもある個人に固有の属性ではない。抽象的で非人格的な属性ばかりである。

これまで、法学的な意味における反逆罪を論じてきた際、強調したのは、反逆罪は国王の「自然的身体」すなわち、国王個人への攻撃を意味した。これに対し、メタファー的な意味で反逆罪を犯す「国賊」となるには、必ずしも国王個人に危害を加える必要はない。ただ、言葉遣いとファッションにおける簡素さやプロテスタントの信仰などといった特定の属性に反するだけで十分である。つまり、「国賊」を非難するレトリックで問題視されているのは、そうした抽象的で非人格的な属性だ、ということである。そのようなナショナル・アイデンティティに反することが、すなわち「国」を裏切ることなのである。

伝統的な「王の二つの身体」という考え方に基づけば、王国は国王(の自然的身体)と表裏一体であった。国王という個人なくして王国を語ることはできなかった。先にカルヴィン事件を論じた際にも強調したように、当時の考え方の主流は、国王個人(の自然的身体)への忠誠があってはじめて王国(という王の政治的身体)への忠誠が成り立つというものだった。

しかし、「国」という概念イメージがナショナル・アイデンティティによって支えられるようになると、次第に国王という具体的で個人的な存在が絶対不可欠ではなくなっていった。端的にいえば、「国」は「国王」から切り離され、独り歩きをし始めたのである。この点を以下に敷衍しよう。

国の視覚イメージ

チューダー朝イングランドは「国」のイメージが急速に豊かになった時代でもあった。これまで「国」のイメージをナショナル・アイデンティティの観点から論じたが、「国」のイメージはそれに尽きるものではない。

「国」はナショナル・アイデンティティを共有する人々が実際に住んでいる土地をも意味する。しかし、その国土が全体としてどのような姿をしているかを具体的に把握することは、一六世紀に地図製作が本格的に発展を遂げるまで不可能だった。今日では、日本に限らずどの国でも自国の国土が地図の上でどのような形をしているか、ほとんどの人が知っている。イングランドの場合、一六世紀に国土地図が作成されるようになってはじめて、イングランド人は自国の国土の形状を視覚的にイメージできるようになった。その意味で、地図作成法(と印刷技術)の発展が「国」のイメージをいっそう豊かにする上で果たした役割は重大である。

ヘンリー八世の治世までに、国王政府は地図が軍事面でも行政面でも重要な役割を果たすことをしっかり認識していた。軍事的には、外国からの侵攻に備え、海岸線を正確に把握することが重視された一方、行政的には、自国を各行政地区に分割した上でそれらの連合体として国を捉える方法がとられるようになった。一五七〇年代にはクリストファー・サクストンがイングランドとウェールズの地図を作成したが、その技術的水準は大陸ヨーロッパ諸国のそれを凌駕するものだった。

スチュアート朝時代に入ると、地図はもはや政府の行政や軍事目的だけでなく、商業出版のルートに入って広く普及し始めた。一六一一年に刊行された『グレイト・ブリテン帝国の劇場』はノルマン朝時代からジェームズ一世までの歴史を地図とともに記した作品であるが、その著作意図は土地所有者や商人たちの実用に供することにあった。

さらに地図は室内装飾品としても珍重された。地図や地球儀が邸宅の広間や書斎などに飾られるのが一般化したのもこの時代である。

ここで特に注意しておきたいのは、国土地図が政治的に両義的な意味を持った点である。すなわち、歴史家リチャード・ヘルガーソンが慧眼にも指摘したように、国土地図が作成されたのは、一面において、王権の支配権が及ぶ地理的空間を視覚的に示したことにより、王権がその領土に関して主張する主権的支配のプロパガンダに寄与した。しかしその反面、領土としての国土の地理的なイメージが普及すればするほど、国土としての王国は、国王という自然人とは別に存在する、新たな忠誠心の対象として立ち現れたのである。

「王の二つの身体」という考え方によれば、国王という自然人と王国という政治共同体とは密接不可分の関係にあった。ところが、王国が「国土」という地理的なイメージを獲得すると、国土がそれ自体として人々の忠誠心の対象となったわけである。こうして「国土」としての「国」は、国王とは別に自立した存在とみなされるようになった。

そのことは、地図書におけるイングランドの地図の歴史的変遷を追跡しても明らかである。サクストンが一五七九年に刊行した地理書の巻頭を飾ったのはエリザベス一世の肖像画であった。また、「ディッチリーの肖像画」として知られるエリザベス一世の肖像画(一五九二年)は、女王をブリテン島の上に聳え立つ巨大な存在として描いている。ところが、一七世紀に入ると君主を国土と重ね合わせて表現することはなくなり、国土はもっぱら地理的なイメージとして提示されるようになった。

このように「国」を国土として地理的に理解することは、「国」を君主とは区別されるひとつの非人格的存在として把握することに繋がる。だが、国王と王国を区別するという考え方それ自体は、決して新しいものではない。

第2章で論じたように、中世イングランドには、国王個人を「王冠《ザ・クラウン》」すなわち国王という官職(役職上果たすべき義務)から区別する考え方が存在した。「王冠」は、国王個人が諸侯の共同体としての「王国」と結ぶ協力関係を象徴するものでもあった。その意味で、国王がその義務を果たさなければ「王冠」に反することになり、ひいては王国の利益にも反する。したがって、論理的には「国王」と「王国」の間には潜在的に緊張関係が存在する。

だが「王の二つの身体」という考え方では、これまで縷説したように、国王個人と王国はまさに表裏一体であって密接不可分の関係にあるとされた。つまり国王と王国は区別することはできても切り離すことはできなかった。ところが、ナショナル・アイデンティティや地理的概念としての国土のような、国王とは明らかに区別される非人格的な政治共同体として、王国のイメージがその豊かさを増せば増すほど、王国という概念にとって国王の存在意義は相対的に低下する。一七世紀半ばに至ってついに王国は国王という存在をもはや必要としなくなる。まったく非人格的な存在として政治共同体、すなわち「国」が自立を果たすのである。すぐれて近代的な国家観がここに誕生することとなるが、そのことはイングランド内戦の時代の反逆罪裁判に極めて明瞭な形で観察できる。しかし、そのことを検討する前に、この時代を代表する法学者エドワード・クックの反逆罪論を瞥見しておこう。

3　コモンウェルスに対する反逆罪

エドワード・クックの反逆罪論

火薬陰謀事件やカルヴィン事件を論じた際に言及したエドワード・クックは、コモン・ロー法学者として英国の法思想史における巨人の一人である。その代表的著作である『イングランド法提要』全四巻（一六二八―四四年）のうち、一六四四年に刊行された第三巻が反逆罪を体系的に論じている。

火薬陰謀事件に際しては国王政府側に立って被告を激しく攻撃したクックだが、庶民院のリーダーへと転身したのちには、チューダー朝時代に目立った反逆罪の拡大解釈を制限することを主張している。一三五二年の反逆罪法を「反逆罪に関してマグナ・カルタに次いで最も栄えある議会制定法」であると述べているが、その理由は、擬制反逆罪(第2章を参照)の考え方に基づいて恣意的に反逆罪の範囲を拡張することに対する制限を明確にしたからだという。

その方針に沿ってクックは次のような原則を主張した。まず、反逆罪に相当するとされるなどの行為もある特定の外面的行為によって証拠づけられるが、ある一つの外面的行為が二種類以上の反逆罪の行為の証拠として用いられてはならない。また、個々の反逆罪に相当するとされる行為が相互に反逆罪を証拠づけることはできない、というのである。

当時の通念からすれば、クックの主張は反逆罪法の解釈に厳しい制約を課したといえる。なぜなら、反逆罪を立証するのに、君主に対して実際に戦争を仕掛ける外面的行為だけでなく、そうした陰謀の存在だけで十分だとされていたからである。また、そうした陰謀があれば、それは即「国王の死を思い描くこと」にほかならないと論じられるのが常で、国王に対して戦争を仕掛けることと国王殺害の企図の二つは区別されなかった。この論理に従えば、反逆罪を構成する様々な行為が芋づる式に「立証」されてしまうことになる。このような仕方で反逆罪の拡大解釈を許してきたことにクックは歯止めをかけようとしたわけである。

こうしてみると、当初、国王の主張の代弁者だったクックはのちに庶民院の反国王的立場へと鞍替えしたかに見える。しかし、カルヴィン事件についての報告書に見られる彼の議論は、すでに国王絶対権力に反対する議会派の主張の片鱗を示していた。

カルヴィン事件に際し、クックは国王の自然的身体こそが忠誠の対象であることを論証したが、その主張の根幹には、そもそも国王が自然的身体だけでなく政治的身体でもありうるのはコモン・ローにその根拠があるという考え方があった。国王個人と王国を固く結びつけるのはコモン・ローだというわけである。コモン・ローこそが国王個人に対する忠誠義務を正当化する根本規範である。その意味で、国王ですらコモン・ローに依存する存在にすぎない。

コモン・ローこそが政治共同体における至上の権威であると理解するクックにとって、それは法律家にとっての理性の豊かな蓄積であり、自然法とも密接に結びついているという確信があった。しかも、コモン・ローが示す法的原則は専門的訓練を受けた法律家によってはじめて正しく解釈されるのであって、たとえ国王といえども法律家の助言を得ずにくちばしをはさむことはできないと主張した。

このようにクックの法理論の根底にはコモン・ローの究極的権威に関する信念があった。したがって、絶対君主といえどもコモン・ローに反することは許されない。この根本主張を踏まえれば、クックが後年、議会派の知的リーダーとして旗幟を鮮明にし、反逆罪法の恣意的な拡大解釈を厳しく制限することを唱えたのは必ずしも不可解ではない。

イングランド内戦の勃発

さて、一六四二年八月、チャールズ一世の国王軍は議会軍と激突し、イングランドは内戦状態に突入した。

チャールズ一世は議会の権威と権力を軽視したためにその治世は当初から議会との衝突の繰り返しだった。この国王は、アレクサンドル・デュマ父の『三銃士』に登場することでも知られるバッキンガム公ジョージ・ヴィリヤーズの失策を擁護した上に、ストラフォード伯トマス・ウェントワースやカンタベリー大司教ウィリアム・ロードを重用して反体制派の弾圧を試みた。さらに、マリ・ド・メディシス(前出)の娘でカトリック教徒の妻ヘンリエッタ・マリアの影響もあって、カトリックに好意的で、議会派に多かったピューリタンを忌み嫌った。

他方、ピューリタンのジョン・ピムが指導力を発揮した議会はストラフォード伯とロードを反逆罪で逮捕するなどして、国王との対決姿勢を強めた。そこでチャールズ一世は兵隊を率いて庶民院に乗り込み、ピムをはじめとする五人の議員を逮捕しようとしたが失敗した。こうして議会派と国王派の決裂は決定的となり、内戦の火蓋は切られた。

当初は国王軍が優勢だったが、ニュー・モデル軍の登場で議会軍の統一が図られた結果、戦況は一転して議会軍に有利となった。また、議会派の間の政治的対立も、平等派に続いて独立派も国王との和解を断念したことが転機となり解消された。国王軍が敗北したのち、ニュー・

モテル軍が議会を制圧するクーデターを起こし、あくまでも国王との和解を望んだ長老派議員を一掃した。その結果、残った議員だけで構成された庶民院は、国王との対決姿勢で一致し、一六四九年一月一日、いよいよ国王の裁判へと動き出すことになる。

ストラフォード伯の反逆罪裁判

内戦が勃発して間もない頃までは、国王派と対立していた議会派ですら、反逆罪とは基本的に国王個人に危害を加える行為であると理解していた。そのため、チャールズ一世の側近だったストラフォード伯トマス・ウェントワースとカンタベリー大司教ウィリアム・ロードを反逆罪で起訴するに際しても、議会派は国王がその職務から逸脱するように二人が仕向けたことを問題視した。つまりチャールズ一世がどれほど二人を重用したとしても実のところ、国王の臣下を敵に回すようにした点で逆臣にほかならなかったと立証しようとしたわけである。こうした考え方は、前述した中世以来の伝統に沿ったものであった。

ところが、一三五二年以来の反逆罪法に照らして二人の反逆罪を立証するのは、擬制反逆罪の考え方に即しても法的に難しかった。そのため、議会派は伝家の宝刀である私権剝奪法に訴えることでようやく、反逆罪で有罪判決を下すことに成功した。

ストラフォード伯に対する私権剝奪法について、一七世紀イングランドを代表する政治哲学者トマス・ホッブズが批判している。彼の晩年の作品『ビヒモス』(一六六〇年)はAとBの二人の対話形式でイングランド内戦を論じた。この中でホッブズは、Aの発言として、ストラフォード伯が王国の基本法に反する恣意的支配を導入し、議会の諸権利を蹂躙して、伝統的な議会の手続を覆そうとしたことが議会派によって反逆罪の根拠とみなされたと記す。そこで「王が関知しないまま、彼(ストラフォード伯)が勝手に実行した」のかとBは問いかけるが、Aはそれを否定する。つまり国王がストラフォード伯の政策を認めていたことを確認した上で、二人の会話は続く(『ビヒモス』第二部)。

B　私はこのような［私権剝奪］法は、納得できません。

A　私もだ。

B　こうしたことが、かつての制定法によって、大逆罪とされたことがありましたか?

A　そのようなことは聞いたことがない。また、王が聞き知った上で大逆とは考えない何らかの事項が、どうして王への大逆になりうるのか、私には分からない。

このように私権剝奪法という最終手段に訴えたことに納得がゆかない向きは決して少なくはなかったであろう。

チャールズ一世の反逆罪？

ストラフォード伯とカンタベリー大司教に対する反逆罪裁判には、反逆罪が国王に何らかの危害を加える行為であるという伝統的な理解が議会派の間で有力だったと前述した。しかし、内戦が全国的に拡大するに至って、議会派は国王を反逆罪で起訴する方針を打ち出すこととなる。その理由は、国王チャールズ一世がイングランド人民に対して戦争を仕掛けたというものだった。

しかし、一三五二年の反逆罪法以来の伝統にならえば、国王に対して戦争を仕掛けることが反逆罪に相当する。ならば、国王とその軍隊に銃口を向けた議会派こそが反逆罪に問われるべきだという主張の方が妥当なはずである。

しかも、反逆罪がこれまで縷説したように国王個人に対して危害を加える行為であるなら、定義上、国王個人には（自殺などの自傷行為を除けば）反逆罪を犯すことは不可能である。だとすれば、庶民院が国王チャールズ一世を反逆罪で起訴するとは、それまでの反逆罪をめぐる伝統からすればまさに驚天動地というほかはない。

ここに明らかなのは、チャールズ一世の反逆罪裁判は、反逆罪の再定義を試みた事件だったということである。国王派を相手に内戦を戦った議会派にとって、既存の反逆罪法に照らして合法性を云々するだけでは不十分であり、そもそも反逆罪とは何かという根本問題にまで立ち返って再考することが焦眉の急であった。その結果、議会派が出した結論は、国王がイングランド人民に対して反逆罪を犯したというものだった。つまり、議会派は、反逆罪を、国王個人に対してではなく、政治共同体に損害を与える行為として再定義したということである。

このような新しい理解は、すでに一七世紀の初頭にその萌芽が明確に現れていた。たとえば法律辞典『解釈者』(一六〇七年初版)によれば、反逆罪《トリーズン》とは「コモンウェルスの豊かさや威光に対する犯罪」であり、大逆罪とは「コモンウェルスの安全または国王の秀でた威光に対する犯罪」を意味する。「コモンウェルス」は翻訳が難しい用語だが、一部の特権身分の利益だけでなく人民すべての利益と権利を実現することを目的とする政治共同体あるいは国家を指すと理解すればよいだろう。

つまり、反逆罪は、共通善の実現を目的とするコモンウェルスという非人格的存在としての政治共同体または国家に対して危害を与える行為として理解されるようになったわけである。

チャールズ一世の処刑

一六四九年一月一日、庶民院は、チャールズ一世がイングランド議会と王国に対して戦争を仕掛けたことを理由として、イングランド人民を代弁してイングランド王国の基本法に基づき国王を反逆罪で起訴すると宣言した。しかし、この起訴の正当性を主張するには、至高の支配権力は国王ではなく議会にあると公式に宣言することがどうしても必要だった。つまり、国王は誰によっても裁かれえないというテーゼを明確に否定し、国王を裁く権力が議会にあるという主張を押し通す必要があったのである。

そうであればこそ、わずか三日後の一月四日には庶民院こそが主権の担い手であるという宣言がなされたことも理解できる。こうして庶民院こそが、イングランドにおいてイングランド人民を代表する至高の権力を有し、国王から自立した至高の権力であると宣言したのである。

その上で、庶民院は一月六日にチャールズ一世を反逆罪で裁く法廷を開設した。同月二七日、チャールズ一世は「議会と人民に対して戦争を開始し遂行」したことで反逆罪を犯したとの理由で斬首刑により死刑に処す、と法廷は判決を下した。

この裁判の期間中、チャールズ一世は裁判の正当性を一貫して認めなかった。いかなる権限によって自分を召喚し裁こうというのかという問いを国王は執拗に繰り返した。チャールズ一世は自らが主権者であるという主張に固執し続けたのである。

これに対して法廷側はあくまでも、イングランド人民を代表する議会によって招集された庶民院の権威を主張した。この庶民院の見解をジョン・ミルトンは次のように整理する。「国王や行政官の権力とは、人民からの信託を受けて、人民から導出・移譲され、人民全ての共通善のために行使されるようなものにすぎない。その権力は根本的には人民の手中にあり、人民の生得権を侵害せずに人民からその権力を奪い取ることは不可能である」(『国王と行政官の在職権』)。イングランドは「主権的王国」であることをやめ「主権的ネイション」となった、ともミルトンは表現している。

このように、ミルトンによれば、主権は本来、人民の手中にあるのであって国王のものではなかった。ここで注意すべきは、「主権」と共に「威光」もまた国王からイングランド人民へ移転したことである。ミルトンはイングランドの「自由な人民の威光」について語っている。すなわちマイェスタスが国王からイングランド人民(とその代表としての庶民院)へと移ったというのである。

このことは、前出の「王の二つの身体」というテーゼに照らして、国王個人の自然的身体と国王が体現する政治的身体(=政治共同体)とはそれまで密接不可分なものとして理解されていたが、チャールズ一世の処刑によって国王の政治的身体は、国王の自然的身体をもはや必要としなくなった、と(カントロヴィッチのように)理解する向きがあるかもしれない。だが、このような解釈ではチャールズ一世の処刑の歴史的意義を過小評価することになろう。

むしろ政治哲学者マイケル・ウォルツァーが論じるように、国王の政治的身体としての政治共同体は不死の存在のはずだったが、チャールズ一世の処刑と共に滅び去ったのである。つまり、本来、不可分とされた「王の二つの身体」は自然的身体だけが切り落とされたのではない。むしろ「王の二つの身体」は不可分のまま、まとめて葬り去られた。「国王の首を、王冠を乗せたまま切り落とす」というオリバー・クロムウェルの有名な言葉はこの点を集約的に表現する。

王党派イデオロギーが好んで用いた身体メタファーによれば、国王は政治的身体の「頭」であった。だが、「頭」を切り落とされても生きながらえる人はいない。王党派の視点からすれば、頭を切り落とされても死なない政治的身体とは「怪物的」で、およそ正当性を主張しえない代物のはずだった。

しかし、議会派の立場からすれば、新たな政治共同体が始まるには「王の政治的身体」が死ななければならなかった。「王の政治的身体」に代わって誕生したのは、もはや国王を頭として必要としない、人民の政治共同体であった。イングランド人民こそが主権と「威光」の担い手であるという主張がこの新たな政治共同体の思想的土台となった。

そもそも国王を廃位するだけならエドワード二世やリチャード二世の場合のように前例のないことではなかった。しかも、この二人の国王は何者かによって殺された可能性があるが、それはあくまでも秘密裏に行われたのであろう。フランスではアンリ四世がラヴァイヤックの凶刃に倒れたことは既に見た通りであるし、その前任者アンリ三世もジャック・クレマンによって暗殺されている。

しかし、いずれの場合も、特定の国王を殺すことが目的であったにすぎない。より望ましい別の人物が王位に就きさえすればよかったのである。このように国王が暗殺される場合は、その特定の国王を殺害することで、別のより望ましい国王の支配が始まることを想定している。その意味で、国王が神聖な存在であるという考え方それ自体を否定するものではない。

ところが、チャールズ一世の場合、反逆罪裁判で国王に有罪判決が下った結果、一六四九年に国王の処刑が執行された。国王の首が、いわば「王冠を乗せた状態で」公衆の面前で切り落とされたのである。それは新たな公権力が出現したことを象徴するものであった。

このように国王を処刑する場合、それは王政の支配体制そのものを転覆させる。それは、国王個人が処刑台の露と消えるとともに国王という地位とそれを取り巻く制度の神聖性もまた死に絶えることを意味した。さらに、国王を処刑する主体(すなわち人民)が、国王に代わって新たに神聖さを担うことの宣言でもあった。

国王から人民へのマイェスタスの移転

ここで、第1章で解説した、オウィディウスによるマイエスタス観を想起していただければ、論点がいっそう明確になるであろう。つまり、マイェスタスがユピテルに寄り添うことで、ユピテルによる支配には実力行使の必要がなかった。ユピテルが体現する至高の支配権はマイエスタスを伴わなければ、他者の自発的服従を引き出すことができない。だからこそ、マイエスタスが危険に晒されるとユピテルは雷電という暴力的手段に訴えてでもこれを守り抜いたのである。支配権にはマイエスタスが伴うことが必要であるために、マイエスタスに対する毀損行為には最も厳格な対抗措置が取られなければならない。

このようなオウィディウスのマイエスタス観に即して定式化すれば、主権はマイエスタスと一セットを成している必要がある。しかし同時に、この二つは区別されなければならない。実際、マイエスタスという概念は、主権概念が近代的なものとして成立する遥か以前から、反逆罪という法的カテゴリーと結びついて存在してきた。第1章で解説したように、古代ローマ共和政におけるローマ人民が帯びていたマイエスタスは、帝政期に入ってローマ皇帝の属性となった。中世ヨーロッパでは、ローマ教皇が異端排斥を徹底する中でマイエスタスの担い手であると主張した。中世末期以来、世俗権力の強大化の手段として反逆罪が活用されるようになると、今度は国王がマイエスタスの新たな担い手として台頭したのである。

ここでのポイントは、至高の支配権力であろうとする主体は、同時にマイエスタスの占有をも主張する必要があったということである。ローマ人民から皇帝が至高の政治権力を奪取するに際し、マイエスタス毀損という犯罪もローマ人民に対してではなく皇帝に対して犯されるものとして再定義された。中世ヨーロッパでは、ローマ教会の教皇が至高の支配権力を主張した際、異端を神的な反逆罪として理解することにより、マイェスタスを独占しようとした。このようなローマ教会の動きに対して、世俗権力はその武力を背景として王国領内における至高の支配権力を主張すべく、反逆罪法を活用することでマイェスタスの占有を主張した。いずれの場合も、マイェスタスを占有しようとする企ては、反逆罪を処罰する権限の主張として表れた。

ここに「至高の支配権力」とは、近代初期に「主権」という概念へと転化するが、主権はマイェスタスを伴う必要があるとはいえ、これら二つは区別されなければならない。ボダンは、彼のいう主権とはマイェスタスというラテン語の概念に由来すると述べたが、これは概念的混乱を招くものというべきであろう。主権を主張する主体は、マイェスタスをも占有しなければ、下位者の自発的服従を引き出すことはできず、強制力に訴えるほかはないのである。

マイェスタスが主権とは密接な関係にありながら区別される必要があることについては、王政復古期に活躍したイングランドの政治思想家ジョージ・ローソンが指摘している。その主著『ポリティカ』(一六六〇年初版)で、主権者は、臣下としての下位者に対する上位者として区別されると同時に、主権者には「威光《マジェスティ》」が授けられる、と論じた(第一巻第四章)。その「威光」とは「共同体において最も偉大な力」であり「支配する権利」である。この支配権としての「威光」とは、ローソンによれば「物理的ではなく道徳的な」力であった。

このように、国王こそがマイェスタスの担い手であるという政治的主張を法的に表現するのが反逆罪法であった。そこに着目するならば、国王は神聖にして不可侵であるはずである。国王はいかなる上位者もみとめない主権者であるから誰によっても裁かれないというだけではない。その威光は人々によって崇敬されるはずのものであった。

君主を反逆罪に問うことは、法制史においては破天荒の事態であったが、政治思想史的な伝統では前例がなかったわけではない。第2章で触れたように、ジョン・ソールズベリーは、暴君と化した君主は共通善を破壊する点で「究極の反逆罪」を犯すと論じた。また、中世末期のイングランドでは、国王個人と「王冠《ザ・クラウン》」とを区別し、国王個人が、「王冠」が象徴する義務を果たさない場合、諸侯が王国を代表して国王個人に対して反旗を翻すことが正当であるという考え方が既に存在した。このように中世政治思想が見た政治的悪夢は、数世紀を経てとうとう現実となったのである。

ホッブズの反逆罪論

以上を約言すれば、チャールズ一世の処刑は、マイェスタスが国王から人民(とその代表としての議会)へと移転したことを単なる理論ではなく行為として実際に示した事件だった。イングランド内戦は、反逆罪の観点からすれば、「イギリス革命」という古典的な呼称が相応しいといえよう。しかも、イングランド内戦の時代に、反逆罪は政治理論としても重要な発展を遂げつつあった。

一七世紀イングランドの政治哲学者トマス・ホッブズは、その主著『リヴァイアサン』(一六五一年)で著名であるが、内戦が勃発した一六四二年に発表された『市民論』で反逆罪(Crimen Laesae Majestatis)を論じている。

ホッブズが反逆罪に言及する際、使用したラテン語やフランス語の表現に明らかなように、彼はローマ的な伝統を踏まえている。しかし、その反逆罪理論は、ただ単にローマ的な理解を継承したにとどまらず、反逆罪の再構成を試みたものと解釈すべきであろう。『市民論』で、ホッブズは反逆罪を「市民または臣民が、私にはもはや最高命令権を委ねられている人物や会議に服従する意志がない、と表明するような行動や発言のこと」(第一四章二〇節)であると定義している。最高命令権を委ねられた人物(たとえば国王)や会議(たとえば議会)への服従を拒否することとは、端的にいえば、主権者そのものを拒否することである。その結果、ありとあらゆる市民法を丸ごと拒否することを含意する。

ここで重要なのは、反逆罪は市民法ではなく自然法に違反することであるとホッブズが念を押している点である。市民法が拘束力を持つのは、市民的服従義務に同意することによるが、反逆罪は、その市民的服従義務という同意を蹂躪することだとホッブズは論じる。同意内容を破ることを禁じているのは市民法に先立つ自然法である。したがって、反逆罪は自然法に違反するものであるとホッブズは結論する。

このように、『市民論』での議論によれば、反逆罪はもっぱら自然法に違反する犯罪であって、マイエスタス毀損罪としての理解は影を潜めている。しかし、『リヴァイアサン』第二七章では、コモンウェルスの代表が有する権威を減じようとする行為を「ラテン人が、マイエスタスを毀損する犯罪(*Crimina Laesae Majestatis*)として理解するもの」(岩波文庫版では「マイェスタス」に「尊厳」が充てられている)であると表現している。また、『ビヒモス』にはチャールズ一世の処刑に関して「神が油塗られし者〔王〕を冒瀆し殺害すること以上に大きな犯罪があるだろうか?」という文言が見られる(第三部)。このようにホッブズは伝統的なローマ型理解を放擲したわけではなかった。しかし、『市民論』に見られた自然法に基づく議論は『ビヒモス』(第二部)でも繰り返されているように、ホッブズはローマ的な反逆罪概念の中核をなす、神聖不可侵な存在としてのマイエスタスを毀損することという考え方を自然法と関係づけて再構成している点で独創的である。

この自然法に基づく議論によれば、反逆罪を犯した者の処罰は、市民的権利ではなく自然権によってなされることになる。ホッブズの有名な自然状態についての理論によれば、市民的服従義務の存在しない自然状態においては全ての人が敵である。主権者そのものを否定することで市民的服従義務をも否定する者は「悪しき市民」ですらない。むしろ「国家の敵」である。したがって反逆者は「戦争の権利」によって処罰されるとホッブズは論じている。

議会派による反逆罪のレトリック

以上のように、ホッブズの反逆罪論はローマ型に即しつつ理論的に新奇なものだったが、さらに彼の鋭い眼差しはイングランド内戦当時の反逆罪をめぐるレトリックにも向けられていた。議会派による反逆罪の追及をホッブズが『ビヒモス』の中で批判したことは前述したが、その箇所で彼は次のように付言している。「命を奪ってやろうと議会が本気になっている人間に対して示される告発箇条に、大逆という言葉を添えることは、あの議会の手管の一つだった」(第二部)。議会派による反逆罪の告発における言葉遣いにホッブズは注目している。告発は法的根拠の弱いものであって、彼らの主張する反逆罪とはレトリックの問題にすぎなかったと観察しているのである。そのレトリックは、ホッブズによれば「無知な大衆《マルティチュード》」に向けられたものであった。「大衆は、告発された者が憎らしいと思えば、凶悪な言葉遣いで表現されたすべての過ちを凶悪と考えるのだ」。

ホッブズの分析によれば、議会派による反逆罪の追及は、政治的なレトリックが法的に厳密な議論を圧倒した結果であった。前述の通り、チューダー朝以来、メタファーとしての反逆罪が政治的レトリックとして用いられ、ナショナル・アイデンティティに反することを「国賊」扱いにする風潮が生まれた。イングランド内戦の時代における反逆罪裁判はそうした動向を背景とするものだった。

反逆罪のメタファーとしての「国賊」を糾弾するレトリックが、こうして議会派勢力の強大な武器として猛威を奮ったのをホッブズは見逃さなかったわけである。

このように、ホッブズの反逆罪論は個性的なものだったが、その一方で、反逆罪を犯す対象が国王という人格的存在からコモンウェルスのような非人格的存在へと移行した、という本書で注目している歴史的変化を見据えていた思想家もいた。

前出のジョージ・ローソンは、『ポリティカ』の中で反逆罪も論じている(特に第一巻第一五章)。彼によれば、最悪の反逆罪は「国家そのものと真の威光に反する」ものであり、次に悪質なのが「全共同体を代表する人的威光に反する」ものである。そして、最も軽微な反逆罪とは、人民の平和と幸福が依存する、特定の(諸)個人に反するもの、だとしている。

ここにいう「真の威光《リアル・マジェスティ》」とはコモンウェルスのような共同体に根ざす権威である。これに対し「人的威光《パーソナル・マジェスティ》」は、共同体によって特定の個人に付託された権威である。

ローソンは、「真の威光」は「人的威光」より偉大であると特記している。ここには、君主のマイエスタスよりも、その君主が代表する政治共同体のマイェスタスの方が重要だという認識が示されている。

その上、これらの二種類の「威光」に対して反逆罪を犯すことは、ある特定の個人（たとえそれが主権者であっても）に対する反逆罪よりはるかに深刻なものだ、というのである。つまり、人格的存在への反逆罪より非人格的存在への反逆罪の方が重視されるべきだという主張はここに明白である。

4　一七世紀後半の英仏における新展開

王政復古とレジサイドへの復讐

前節では反逆罪の歴史におけるチャールズ一世の処刑の画期的意義を検討したが、この国王と共に死刑を宣告された君主政は一六六〇年に復活を遂げる。護国卿を務めたオリバー・クロムウェルが一六五八年にこの世を去り、息子のリチャードが後継者となるが、彼には父親並みの政治的力量が欠けていた。その結果生じた政治的混乱は、亡命者としてヨーロッパ各地を転々としていたチャールズ二世が王位に復帰する絶好の機会となった。一六六〇年四月に公布したブレダ宣言で、チャールズは自分の政敵である議会派の大多数に対して報復することは望まず、あくまでも父王チャールズ一世の処刑に直接的に関与した者に限定して処罰する方針を示した。

実際、チャールズ二世が国王の座につくと、庶民院は一六四九年一月二七日にウェストミンスター・ホールでチャールズ一世に死刑判決を下した人々を王殺し《レジサイド》の罪で逮捕することを宣言した。レジサイド(regicide)とは王殺しを意味する英語だが、イングランド史では、特にチャールズ一世の処刑に直接関与した者たちを意味することもある。処罰の対象者にはオリバー・クロムウェルのように既に死去していた者も数名含まれたが、その遺骸は掘り起こされ、タイバーンで処刑されたのち首がロンドンでさらされた。処罰対象者の名簿に記載され、まだ生存していた者には、当然、首吊り・内臓抉り・四つ裂きの刑に処せられた者が少なくなかったが、その一方で、減刑されて終身刑となったり、ドーバー海峡を越えて亡命したり、北米の植民地に逃亡した者もいた。

このようにチャールズ二世は父チャールズ一世の処刑に関与した者たちに報復したが、復讐心が度を過ぎれば政治の安定を脅かす危険があることを理解していた点で賢明だった。父王の処刑に直接に関与した者だけを報復の対象とし、彼らの審理に介入することを避けたのはそうした戦略的意図に基づく自制心の表れであった。

こうして王政復古は順調な滑り出しを見せたが、王妃キャサリンとの間に子供はなく、王位後継者と目されていた王弟のヨーク公ジェームズがカトリックに改宗したことは新たな問題の種となった。ジェームズの改宗は秘密にされていたが、一六七〇年代後半には疑惑が広まるなか、ジェームズの王位継承が現実味を帯びてきたことは、イングランドの政治に動揺を与えた。

カトリック陰謀事件とその周辺

こうして発生したカトリック陰謀事件とは、カトリック信徒が国王チャールズ二世を暗殺し、ロンドンに火災を起こすだけでなく、カトリック信徒の主導で挙兵してスコットランドで反乱を煽り、さらにはフランスの軍隊をアイルランドに差し向けてアイルランドでの反乱を援助するという「陰謀」が明るみとなった事件である。ここで「陰謀」とカギカッコ付きとしたのは、そうした陰謀が捏造であって実在しなかったからである。しかし、そうした偽情報《ディスインフォメーション》が社会を混乱させることは今も昔も変わらない。一六七八年から八一年にかけてイングランド社会は反カトリック的なヒステリー状態に陥った。

この事件を引き起こした張本人といえば、まずタイタス・オーツの名を挙げることができる。オーツはイングランド国教会でのキャリアに失敗し、カトリックに転向しようとするがイエズス会から拒絶されたため、カトリックに対する反感を募らせた人物である。

彼は政府関係者にカトリック勢力による陰謀の存在を吹聴して回ったが、当初は相手にされなかった。ところが、チャールズ二世の廷臣でカトリック信徒だったエドワード・コールマンカ所持した文書の中からフランスと内通している証拠が発見されたために「陰謀」は急に信憑性を増した。

そこへ降って湧いたように発生したのは、治安判事エドマンド・ゴドフリー卿が自分自身の剣で刺された状態で、かつ絞殺死体となって発見された事件である。これを機に事態は急転し、カトリックの「陰謀」の存在が広く信じられるようになり、オーツは一躍、時の人となった。ちなみに、この事件は、二〇世紀アメリカの推理作家ジョン・ディクスン・カーが『エドマンド・ゴドフリー卿殺害事件』と題した歴史小説で活写している。

こうして前出のコールマンをはじめイエズス会修道士や彼らの支持者が反逆罪に問われ、審理の結果、有罪判決が下り死刑に処された。

しかし、裁判で証人として出廷したオーツの供述はかえって彼自身への疑念を膨らませる結果となった。最終的に一六八五年には偽証罪に問われ、罰金刑や激しい鞭打ちの刑、台上でさらされる刑などが科された上で終身禁錮刑が申し渡された。

前章で触れたことだが、魔女狩りが盛んに行われた一六世紀後半から一七世紀前半にかけての時代は、カトリック信徒が悪魔の力を借りて君主の命を狙うという噂が絶えなかった。このようにカトリック信徒による陰謀には魔術が付き物だったが、この一七世紀末に発生したカトリック陰謀事件では魔術との関わりは取り沙汰されなかった。一七世紀後半には、そうした社会的通念はすでに退潮しつつあったことの証左であろう。

カトリック陰謀事件は、むしろ政治的性格が際立っている。一部の反カトリック勢力が社会の狂乱状態に便乗して政治闘争の口火を切るきっかけとなった。初代シャフツベリー伯アンソニー・アシュリー＝クーパーは、チャールズ二世の後継者としてカトリックのジェームズの代わりにチャールズの庶子でプロテスタントだった初代モンマス公ジェームズ・スコットの即位を企んだ。シャフツベリー伯が率いた勢力はのちにホイッグという名で知られることになるが、彼らホイッグと、チャールズ二世の側近ダンビー伯トマス・オズボーンが率いた一派であるトーリーとの間の政治闘争は激化の一途を辿った。ホイッグは選挙に大勝したのち、ジェームズによる王位継承を阻止する王位排除法案を議会に提出した。これに対し、チャールズ二世は介入を繰り返し法案の成立を阻んだだけでなく、シャフツベリー伯に反逆罪の疑いをかけロンドン塔に投獄した。シャフツベリー伯は有罪にこそならなかったが、オランダへ亡命を余儀なくされ客死した。

ホイッグの勢いを削ぐことに成功したチャールズ二世の死後、カトリック信徒の王弟ジェームズが、ジェームズ二世として即位した。トーリーは、新国王の治世が一代限りのものと踏んでいたが、ジェームズ二世の王妃メアリーに王子が誕生したことで、カトリックの国王が再び即立する懸念が高まった。こうしてジェームズ二世の追放へ向けてホイッグとトーリーが手を結ぶこととなる。その結果がいわゆる名誉革命である。ジェームズ二世はフランスに亡命し、その娘でプロテスタントだったメアリーとその夫であるオランダ総督ウィレムが、それぞれメアリー二世、ウィリアム三世として即位した。

一六九六年の反逆罪法とジョン・フェンウィック卿裁判

王政復古後の反逆罪裁判はいずれも政治的動機が明確だった。しかも、たとえ起訴内容が事実無根であっても、被告には有効な抗弁の手段はなく反逆者の汚名を着せられたまま死刑とならざるをえなかった。また、名誉革命を経てもなお、ホイッグとトーリーの間の政治闘争は鎮静化する気配を見せるどころか、両派ともに反逆罪を切り札としてちらつかせるのが常だった。しかし、一六八〇年代の政治的混乱に鑑みて、反逆罪の政治的濫用を防ごうという気運がようやく高まり、反逆罪裁判のプロセスが再検討に付された。そうした動向は一六九六年に施行された反逆罪法に結実した。

この新法によれば、反逆罪に問われた者には、最大二人の法律家を代理人としてたてる権利が認められ、裁判に備える期間と裁判期間中に弁護士の援助を得ることも可能となった。また、反逆罪に相当するとされる行為に関して最低でも二人の証人によって証拠立てられなければ有罪とはならなかった。一方、反逆罪ないし反逆罪隠匿罪で起訴するには、その行為が行われて三年以内に、大陪審によって署名された正式起訴状の提出を必要とし、被告は起訴状の写しを入手することが許された。

一六八九年にホイッグの法律家ジョン・ホールズは当時の反逆罪法について「それはまさに人を後ろ手に縛り上げ、死神の餌食とするものだ」と述べている。すなわち、一七世紀末まで反逆罪裁判は「はじめに有罪判決ありき」の前提で行われてきたのである。しかし、一六九六年の反逆罪法はこの前提を覆した点で画期的だった。ようやく「裁判」の名に相応しい原則とプロセスが定められたのである。このような法改正の背景には、エドワード・クックの反逆罪論の理論的影響があったことが指摘されている。また、一六九六年の反逆罪法で示された原則はいうまでもなく反逆罪だけを対象として定められたが、のちに英米では刑事訴訟一般に適用されることになった点でもその歴史的意義は小さくない。

しかしながら、被疑者の権利を守るのに有効な立法であったはずにもかかわらず、この新法の成立に努力した議員たちでさえも、実際に反逆罪の事例を目前にすると、この新法の原則を曲げることに加担した。その好例が、ジョン・フェンウィック卿の裁判である。フェンウィックはジャコバイト（ジェームズ二世の支持者）の一員として政治活動に関与し、国王ウィリアム三世の暗殺を企んだり女王メアリー二世を中傷したりしたために逮捕され裁判にかけられた。

フェンウィックの支持者たちは、彼を有罪とするのに必要な二人の証人のうち一人の追い落としに成功したため、一六九六年の反逆罪法が効力を発揮して、起訴内容の取り下げに終わることを期待した。だが、フェンウィックを追及する手が緩むことはなく、一部の議員は中世以来の伝家の宝刀である私権剝奪法に訴えた。こうして反逆罪に関する新法の規定をバイパスする試みは成功し、僅差で私権剝奪法は可決、一六九七年一月にフェンウィックは斬首刑に処された。

この事例では、反逆罪に関する法制の政治的濫用を防止することよりも、フェンウィックのようなジャコバイトがイングランドにとって深刻な脅威であるという政治判断が優先されたといえる。一六九六年の反逆罪法がその実効性を発揮することはできなかったのである。しかし、その一方で、私権剝奪法により死刑となったのはフェンウィックが最後となった。反逆罪に問うことで政敵を葬り去る時代は一八世紀を目前にして終わろうとしていた。

反逆罪としての貨幣の偽造と損傷

王政復古以降の反逆罪の歴史は、あたかもチャールズ一世の処刑で成し遂げた反逆罪概念の転換に対する反動であるかに見える。しかし、一六四九年に一八〇度の方向転換を果たした歴史のベクトルは、王政復古によっても再逆転を果たすには至らなかった。反逆罪を国王個人に対する危害ではなく、コモンウェルスのような非人格的な存在に対する攻撃と理解する新しい傾向が一八世紀における反逆罪の歴史を決定づけたことは次章で詳説するが、それに先立って、反逆罪を「社会」という非人格的存在を揺るがすものとみなす新傾向について触れておきたい。

　この関連で言及したいのは貨幣の偽造である。中世末期の反逆罪法を論じた際に、貨幣や王璽・国璽の偽造が一三五二年の反逆罪法の規定に含まれたことは既に指摘した。中世以来、貨幣は金や銀、銅といった貴金属で製作されたが、その貨幣の縁や表面を削り取って《クリッピング》その貴金属を盗んだり、貨幣それ自体を偽造したり《カウンタフィティング》することは、絶えず横行していた。そのため、こうした行為を反逆罪に相当するとして処罰する立法は繰り返された。

　だが、そもそも貨幣の偽造や損傷が反逆罪に相当するとみなされたのはなぜなのか。それは君主のマイエスタスに対する攻撃であると考えられたためである。当時の貨幣には君主の像が彫られているが、表面を削られた場合、君主の像はすり減ってしまう。それは君主個人のマイエスタスを傷つける瀆神的行為にほかならなかったわけである。

　しかし、チャールズ一世の処刑から四〇年近くが経過し、名誉革命を経た一七世紀末ともなると、貨幣の偽造や損傷行為が持つ意味合いは変化しつつあった。この時代には銅製の貨幣の偽造や損傷について政府は本格的な取り締まりの対象としなかった。銅製の硬貨は日常的に個人単位でなされる少額の商取引に用いられたため、より高価な金銀貨幣の場合ほど重視されなかった。

その反面、大金が動く取引に必要な金貨や銀貨の偽造や損傷については取り締まりをいっそう徹底するため、一六九五年にチャールズ・モンタギュー大蔵大臣は、貨幣鋳造の道具を公式な許可なしに所有する者を反逆罪で死罪に処することを規定する立法を急いだ。その一方、貨幣の偽造や損傷の摘発を効率よく行うために、化学や錬金術に造詣の深い人物を王立造幣局監事の要職に採用する必要があった。こうして抜擢されたのがケンブリッジ大学教授だったアイザック・ニュートンである。

自然科学者として名高いニュートンであるが、その行政手腕にも特筆すべきものがあったようである。造幣局幹事（のちに長官）として金銀貨の鋳造と打刻を管理すると同時に、貨幣偽造犯の摘発でもめざましい成果をあげた。ニュートンによって捕らえられた偽造犯ウィリアム・シャロナーは情報を提供して捜査に協力することで、ニュートンに慈悲を乞うたが、最終的には反逆罪に問われタイバーンで処刑される運命を免れることはなかった。潔癖なニュートンは旧約聖書の箴言第二六章一一節を引用しつつ「犬ども（すなわち貨幣偽造犯）は必ず自分の嘔吐物に戻ってゆくものだ」と確信していたそうである。

さらに一六九四年には、対仏戦争の資金集めを目的としてイングランド銀行が創設されたが、この銀行が新たに試みたのは紙幣の発行である。イングランド銀行は政府に対し紙幣で大量の資金を支払い、同様に政府も紙幣による支払いにより軍需品を調達した。紙幣が普及するにつれ、紙幣の偽造も増大したが、これに対して政府は厳格な処置に出た。一七二八年の偽証罪法はあらゆる紙幣の偽造を死罪に相当すると定めた。

以上から明らかなように、金銀貨の偽造や損傷に対する取り締まりの強化に際して重視されているのは、商取引の経済的価値の大きさである。したがって、政府が保護したのは経済システムの安定性であって、もはや君主の彫像というシンボルが帯びていたマイェスタスではなかった。政治哲学者のジョン・ロックは「貨幣の価値を増大することについてのさらなる考察」という論考(一六九六年)の中で、貨幣の損傷《クリッピング》は「公的な信用に損害を与える」行為であり、その点で「窃盗は反逆罪へと高められる」と記している。損害を受ける対象は「公的な信用」という非人格的な存在である。その信用の受け皿とは国家の権威であり、その貨幣を用いる国民《ネイション》であり、また商取引が行われる社会であった。

このように貨幣の偽造と損傷という行為を反逆罪として理解するにあたっても、その犯罪行為が損害を与える対象は国王個人とは切り離され、非人格的な存在へと変化していた。この点でも、メタファー的な反逆罪のレトリックやチャールズ一世の処刑における議会派の反逆罪理解と通底していたのは明らかである。

フランスにおける「社会」の神聖化

一七世紀末のフランスはルイ一四世の絶対王政の時代にあたり、イングランドと同様、貨幣の偽造や損傷に対する規制が厳しさを増していた。しかし、貨幣は絶対王政のシンボルとしての意味を保ち続けたため、貨幣の偽造や損傷を反逆罪とみなすに際しても、その犯罪行為によって損害を受けるのはあくまでもフランス王家の威信であるという認識が有力だった。

その意味では、イングランドよりも伝統的な印象があるが、しかしその一方で、一六九〇年代には「社会《ソシエテ》」という概念が新たな意味を獲得し、神聖な存在へと変化してゆく傾向が見られた。国王個人に代わる非人格的な存在への帰依はフランスにおいても一七世紀末以降目立つようになったのである。この点を瞥見することで本章の結びに代えたい。

絶対主義が支配的ないわゆる旧体制《アンシャン・レジーム》の下では、政治的不平等が当然視されていた。フランス旧体制の特権階級に見られた宮廷文化はパトリス・ルコント監督の映画『リディキュール』(一九九六年)が痛烈に風刺したのをご存知の読者は少なくないだろう。最近では、宮廷料理人が一般人に開かれたレストランを開業するまでを物語ったエリック・ベナール監督の作品『デリシュ!』(二〇二一年)がフランス革命を招来する一因となった階級間対立をさりげなく描いている。

政治的不平等が温存されていた背後で、一七世紀末に新たな平等の主張が産声を上げた。それは社会的平等という考え方である。ただし、この社会的平等という思想が成立するには

「社会《ソシエテ》」という概念が新たに定義し直される必要があった。

「社会」という語は古くから存在したが、和気《わき》藹々《あいあい》としたごく小規模の団体（たとえば特定業種に属する人々や同好の士が組織する「協会」）を意味することが多く、一地域や一国のような大規模な集団を意味することはなかった。ところが、アントワーヌ・フュルティエールの『普遍辞典』（一六九〇年）が「社会」を「人々がその必要を相互に充足するために一箇所に集う集合体」であると定義した頃から、「社会」概念は明らかに変化を遂げはじめた。フュルティエールの定義によれば、「人はより便利で礼儀正しく生きるために社会に所属し、市民社会に混乱をもたらす者には厳格な法を作って対処する」という。

このように「社会」とは人間が相互扶助を通じて自立する場という一般的で抽象的な意味合いを持ち始めたのである。「社会」に属するということも、ただ単にマナーを守るだけにとどまらず、他者に対して相互扶助の精神を発揮する有徳な活動にたずさわることを意味するようになった。こうして一八世紀の前半には、たとえば、ディドロが「社会」とは利己と利他が相互に強化し合う場であるという理解を示すに至った。

この新しい「社会」概念がなぜ画期的だったのかといえば、絶対主義体制の下では、全ての公的な活動は国王権力に依存していたという意味で自立的ではなかったからである。国王権力が介入してはじめて成り立つのが、政治という公的活動領域だった。これに対し、国王権力の介入がなくとも市民たちの相互扶助だけで立派に自立してやって行ける場が「社会」という新しい概念として示されたわけである。「国家」とは区別される「社会」の誕生である。

この「社会」という概念は一八世紀を通じて神聖化されていったと歴史家ダニエル・ゴードンは主張する。そのことを如実に示すのが、「社会に対する反逆罪」という表現である。ディドロは「社会」における幸福こそが各個人が道徳的に追求すべき目的であると主張したが、そのことは同時に、「社会」が道徳的行動の実践の場である以上、もっぱら宗教（キリスト教）的な活動には道徳的意味合いをもはや見出すことができないことを意味した。たとえば、修道院にこもる生活様式は、人々の相互扶助から成り立つ「社会」から断絶している以上、反社会的であるという意味で「社会に対する反逆罪」だとディドロは論じた。

このように、一七世紀末から一八世紀前半の旧体制の下にあったフランスでは国王権力から自立した、人間の自律的領域として「社会」が構想された。しかも、その「社会」が神聖視され、反社会的とみなされる活動が「社会に対する反逆罪」に相当するというレトリックをも生み出した。ここで注目すべきは、その「社会」が、イングランドにおける「コモンウェルス」と同様、非人格的で抽象的な存在である点である。国王という個人とは区別される非人格的な存在が神聖さを帯び、これに反する行動を反逆罪に相当するとみなす考え方が、国王権力を転覆するだけの潜在力を秘めていることは、一七世紀のイングランド内戦の歴史が教える通りである。非人格的存在に神聖不可侵性（すなわちマイェスタス）が付与された結果が具体的にどれほど革命的だったかについては、次章でさらに検討したい。

第5章

反逆罪
と
国民形成

ルイ 16 世の処刑

1　グレート・ブリテン王国の成立

国事犯裁判の誕生

反逆罪裁判は、しばしば国事犯裁判ないし政治犯裁判（英語では state trials）という名称でも知られる。国事犯裁判や政治犯裁判という言葉は一八世紀のはじめに『国事犯裁判集成』と題する資料集が刊行されたときに初めて用いられた。国事犯裁判という、それまで聞き慣れない名前の裁判についてそのような資料集がわざわざ編纂されたのは、イングランド内戦（とりわけチャールズ一世の裁判）の頃から、反逆罪裁判がいわば政治的なショーとして広く喧伝されるようになったことが背景にある。

チャールズ一世の裁判に典型的に見られるように、反逆罪裁判では被告が法廷の正当性を認めないことが少なくなかった。したがって、裁判の正当性を主張するプロパガンダが必要とされ、その一環として裁判それ自体があたかも演劇であるかのように報じる印刷物が多く出回るようになった。

しかも、この頃までには、反逆罪裁判は、究極的な忠誠心の対象をめぐって、二つの鋭く対立する政治的主張がぶつかり合う場としての性格をいっそう明確にした。その対立する主張は、裁判に登場する著名な人物の言葉や態度に集約的に表現される点で、まさに演劇的な性格を持つ点が読者の強い関心を呼ぶようになったのである。

こうして反逆罪裁判は支配層だけではなく、印刷メディアを介して広い読者層の興味を惹く対象となった。それはちょうど英仏両国で国民意識がエリート層に限らず一般民衆によっても共有されようとしつつある時代でもあったために、反逆罪は国民意識の形成と密接な関わりを持つようになってゆく。

合同法成立以後の反逆罪

名誉革命で王位に就いたウィリアム三世とメアリー二世には子供がおらず、二人の死後、メアリーの妹アンが即位した。しかし、そのアンは妊娠・出産を繰り返したが成人した子供はいなかった。その上、アン以後の王位継承最有力候補だったジェームズ・フランシス・エドワード・スチュアート(「大僭称者」のニックネームで知られた)はカトリックだったため、王位継承はアンの即位以前から既に問題視されていた。こうした事情を背景として一七〇一年に制定された王位継承法が、カトリック信徒の王位継承権を否定した結果、ジェームズ大僭称者の即位の可能性は法的に絶たれた。このことは、スコットランド王ジェームズ六世がイングランド国王ジェームズ一世として即位して以来続いてきたスチュアート朝の終焉を意味した。実際、一七一四年にアン女王が死去すると、ハノーファー選帝侯ゲオルク・ルートヴィッヒがジョージ一世として即位し、ハノーヴァー朝(一七一四―一九〇一年)を創始した。

こうした状況にスコットランドは激しく反発したが、イングランドの経済的制裁に遭い、ついに一七〇七年の合同法でイングランドとスコットランドは統合されグレート・ブリテン王国(以下、ブリテンと略記)が成立した。その結果「ブリテン」としての新しいアイデンティティをイングランド・スコットランド両国の人々に抱かせる必要が生じたのである。近代ナショナリズムの一大特徴は、ナショナル・アイデンティティを政府主導で上から民衆に教化する点にあるが、合同法の成立以降、そうした動きがブリテンで本格化した。このブリティッシュ・アイデンティティの形成過程に反逆罪法も一役買うこととなった。

一七〇九年の反逆罪法はイングランドにおける反逆罪法をブリテンのそれへと拡大したものであり、その結果としてスコットランドは固有の反逆罪法を失った。そのツケはジャコバイトの反乱で払うこととなる。

ジャコバイトの反乱とは、一七世紀末から一八世紀半ばにかけて断続的に発生した、名誉革命に反対する勢力による反乱である。前章で述べたように、名誉革命でウィリアム三世とメアリー二世が即位したのは、カトリックのジェームズ二世を追い落とした結果であった。これに対し、ジェームズ二世とその男系子孫の復位を支持する運動がスコットランドを中心に起こった。特に一七一五年と一七四五年のジャコバイト蜂起は大規模だったことで知られる。

反逆罪との関連で特に注目したいのは一七四五年の反乱である。カトリック国であるフランスとスペイン両国の間の関係が改善しつつあったのを受けて、ジェームズ大僭称者とその長男チャールズ・エドワード・スチュアート(「小僭称者」)はジャコバイトを率いて挙兵した。しかし、一七四六年のカロデンの戦いでブリテン王国軍に決定的な敗北を喫した。

こうして捕縛されたジャコバイトの多くは反逆罪で起訴されることとなるが、それに先立って、ブリテン議会は、ジャコバイトの反乱の参加者を反逆罪の疑いで逮捕・収監する目的で一七四五年に人身保護《ヘイビアス・コーパス》一時停止法を成立させた。この法律は、刑事巡回裁判官(oyer and terminer)や未決囚釈放裁判官(gaol delivery)が、反逆罪の嫌疑のかかる行為が行われた王国の州で裁判を行うことを規定している。

しかし、この規定にある「王国の州」の「王国」が何を指示するのかが問題となった。当然、「王国」はブリテンを意味することが想定されていたが、そのように明示されていなかったためにイングランドやスコットランドを意味するという解釈も現れた。ジャコバイトの間では、スコットランド人はスコットランドの反逆罪法によって裁かれるべきだという主張も見られたが、裁判官はあくまでも「王国」はブリテンを意味するという解釈を一貫して押し通した。すなわち、反逆罪の管轄権を主張できるのはスコットランドではなくブリテンである。一七四五年の人身保護一時停止法を適用することを通じて、ブリテンに対する忠誠義務の存在を強く示したのである。

ブラックストンの反逆罪論

合同法の成立とともに、反逆罪がブリテンに対して犯される犯罪だと改めて定義されたにしても、その「ブリテン」とはいったい何を意味したのか。伝統的な見解に従えば、グレート・ブリテン王国の君主であることになろうが、前章で論じたように、イングランド内戦を経て、反逆罪とは(国王ではなく)コモンウェルスという非人格的存在に対する犯罪だという新しい考え方が既に登場していた。とはいえ、国王処刑を実現したオリバー・クロムウェルのイングランド共和国は短命に終わり、王政復古という反動の時代を経験することとなった。最終的に、政治変動の振り子は名誉革命で一応大きな揺れを止めるが、反逆罪に関しても、チャールズ一世の処刑と王政復古という両端の間で歴史のベクトルの向きは定まった。

そのことは、一八世紀ブリテンを代表する法学者ウィリアム・ブラックストンの反逆罪論に看取できる。彼の主著『イングランド法釈義』(一七六五―六九年)は第四巻で反逆罪を扱っている。その定義によれば、反逆罪はただ単に「国王と政府に対する犯罪であるだけではない」。反逆罪は上位者と下位者の間に何らかの信頼関係が存在する場合、下位者がその信頼を悪用し忠誠義務を忘却して上位者を殺害することを意味するという。

上位者という個人を殺害することが反逆罪だと述べているあたりには、伝統的な国王個人に対する危害という意味合いを一般化しただけのように見える。事実、ブラックストンは、反逆罪を論じる際、ラテン語にいう proditio、すなわち裏切り一般という概念として捉えている（前章第2節「反逆罪のメタファー」を参照）。また、彼の反逆罪論の個別論点は一見したところ、一三五二年の反逆罪法の解釈にすぎない印象が強い。

しかし、ブラックストンの定義の歴史的意義は、歴史家リサ・ステフェンによれば、反逆罪を犯す者が放棄してしまう忠誠心の対象が主権者であると論じた点にある。主権とは『イングランド法釈義』第一巻によれば、共同体の利益に関する知識としての知恵、真の利益を追求する善性、そしてそうした意図を行動に移す権力、これら三つの結合である点に特徴がある。そのような特徴を持つ主権とは、すなわち立法権にほかならない。ブラックストンにとって主権と立法権とはほぼ同義語と言ってもよかった。そして、立法権とは、国王と貴族院、そして庶民院の三者が分有する。したがってブラックストンの考える主権者、すなわち反逆罪を犯しうる対象とは、国王と議会から構成されるブリテンの基本政体であった。

ブラックストンがこのように論じた時代より一五〇年前には、前章で論じたように、同一人物（すなわちジェームズ一世［スコットランド王としては六世］）がイングランドとスコットランド両国の国王を兼任したが、その「政治的身体」は分裂したままだった。一七〇七年の合同法によってその分裂を解消する大きな一歩を踏み出したが、そのためには、イングランドでもスコットランドでもなく「ブリテン」に基礎を置くアイデンティティが創出されなければならなかった。ブリテンの基本政体こそが究極的な忠誠心の対象であるという主張が決定的に重要である所以である。

ただし、このように論じる中で、ブラックストンは、国王個人の身体や「威光《マジェスティ》」に危害を加えることを反逆罪とみなす伝統的な考え方を否定していない。実際、イングランドに生まれる臣民には国王に対する自然的な忠誠義務があることを強調し、その忠誠義務を神聖視している。だが、その国王を、立法権を担う非人格的な国家機構の中に位置づけて論じる点が、伝統的な議論と大きく異なる点である。つまり、ブラックストンの反逆罪論は、国王個人に対する危害を反逆罪とみなす伝統的な考え方を、非人格的な存在への危害を重視する、より新しい考え方に包摂することで二つを統合した見方といえよう。前章で紹介したジョージ・ローソンの反逆罪論が「威光」概念を中心とする政治理論だったのと異なり、ブラックストンはあくまでも法理論として反逆罪論を展開したが、いずれも非人格的な存在を忠誠心の対象として前景化した点では共通する。

2　アメリカ独立戦争

七年戦争からアメリカ独立戦争へ

一八世紀初めにグレート・ブリテン王国が誕生したことに伴い、反逆罪法がブリティッシュ・アイデンティティの形成に一役買ったことに明らかなように、反逆罪には、ネイション統合の手段として機能する側面があった。しかし、一八世紀後半には、反逆罪がネイションを分断する側面が浮かび上がってくる。七年戦争(一七五六―六三年)の終結後、ブリテンと北米植民地の関係が悪化し、アメリカ独立戦争(一七七五―八三年)に至る過程で論じられた争点の一つが反逆罪だったのである。

ウィリアム・ピット(大ピット)が指導力を発揮したジョージ二世のブリテンがルイ一五世のフランスと戦った七年戦争は、英仏両国の植民地をも巻き込み、世界的規模で展開した史上初の戦争として知られる。ブリテンが勝利を収めた結果、フランスは北米の植民地ヌーヴェル・フランスを失うこととなった。当然のことながら、七年戦争の勝敗が決まるまで、ブリテンは北米の植民地と手を結んで仏勢力と戦った。しかし、パリ条約締結で戦争が終結すると、ブリテンと北米植民地の間の関係は急激に冷却した。仏勢力が北米から駆逐された結果、ブリテン政府が北米植民地に対する支配を強めることが可能になったからである。

戦争終結の翌年には砂糖法を制定し、外国産の砂糖に新たな税率を課すことで関税収入を増加させるとともに通商規制の強化を図った。さらに一七六五年には、税収のいっそうの増加を見込み、新聞をはじめとする印刷物や公式文書に印紙を貼ることを義務づける印紙法を制定した。こうした一連の課税に対して北米植民地側が「代表なくして課税なし」というスローガンで抗議したことは有名である。植民地から英国議会へ代表を送っていない以上、マグナ・カルタ以来のイングランド人固有の権利が蹂躙されているという認識を植民地人は強め、ブリテンに対する抵抗運動を展開するようになった。

国外で反逆罪を犯すことは可能か

抵抗運動は一七七三年のボストン茶会事件でひとつの頂点に達し、一七七五年のレキシントン・コンコードの戦いでブリテン政府と植民地は戦闘状態に入った。しかし、一七七五年以前に展開された言論の戦いにおける重要争点の一つは、北米植民地人が果たして反逆者《トレイター》であるかどうか、という問題であった。それは法的にいえば、イギリス帝国の枠組みにおいてブリテン議会が主権を主張しうるかどうか、という問題と密接に関わっていた。すなわち、ブリテンの「議会における国王(the king in parliament)」の主権がブリテンの領土内に確立されていることに疑念の余地はないとしても、北米植民地は、イギリス帝国に属するとはいえ、ブリテンの領土の外にある。したがって、問題は、ブリテンの領土の外でブリテンに対し反逆罪を犯すことは可能か、ということになる。

反逆罪と領土との関係は、すでにジャコバイトの反乱鎮圧後の裁判でも問題視されたが、前述の通り、イングランドとスコットランドの間の領土的区分は、一七〇七年の合同法以降はその意義を失い、ブリテンの領土内であればどこで反逆罪が犯されようとブリテン政府がこれを裁くことが可能であるという主張を押し通した。ところが、北米植民地の場合は明らかにジャコバイトの事例と異なっていた。

反逆罪の嫌疑がかかる行為が領土の外で犯されるケースについては、ヘンリ一八世の治世末期にあたる一五四三年に制定された反逆罪法がカバーしていた。この法律によればイングランド領土の外で犯された反逆罪の行為はイングランド国内の王座裁判所で裁くことができた。反逆罪で有罪となれば、国内の事例と同様、財産没収の上、首吊り・内臓抉り・四つ裂きの刑という処罰を免れることはできなかった。

ただし、この反逆罪法の場合、陪審によって審理が行われると規定されていたことに注意する必要があろう。陪審裁判(jury trial)では、証拠に基づく法的事実の決定を陪審が行う。これに対し、非陪審審理(bench trial)は陪審によらず裁判官だけが正式事実審理を行う点で異なる。

この相違点が注目に値するのはなぜかといえば、一七世紀末以来、陪審裁判は被告にとって有利であるとみなされたからである。

そのような通念が成立した背景は一六七〇年のブシェル事件である。のちにペンシルヴァニア州の創設に関わったウィリアム・ペンを含むクエーカー教徒が不法な説教や出版活動を行なったかどで裁判にかけられた。その際、陪審は被告に無実の評決を下したが、その判定は裁判官の判断と食い違ったため裁判官は陪審員を投獄した。当時は自分の法的判断と異なる陪審を処罰することが裁判官には可能だったのである。

これに対し、人民間訴訟裁判所は人身保護令状を発給して陪審員の身柄の釈放を請求した。この結果、裁判官と意見の食い違う陪審を裁判官が処罰することができないという新原則が確立されたわけである。

こうして一七世紀末以降は、陪審裁判が被告にとって有利な裁判であるという通念も成立したが、それにもかかわらず、イングランドの領土の外でなされた、反逆罪の嫌疑がかかる行為をイングランド国内で裁くことができるという法律が存在したことは、植民地人にとってやはり深刻な脅威であった。実際、ブリテン側が一五四三年の反逆罪の適用を示唆したことは、北米植民地での抵抗運動の導火線に火をつける結果となったのである。

北米植民地人の反応

かつて丸山眞男は「忠誠と反逆」の中で、一九世紀アメリカのユニテリアンで奴隷制廃止論者だったセオドア・パーカーの次の言葉を引用した。「われわれアメリカ人の全歴史が反逆である。……われわれの信条は本山の教会に対する不信心である。われわれの憲法は祖国イギリスに対する裏切《トリーズン》である」。

しかし、このような発言はアメリカ独立戦争がすでに歴史の一部となった一九世紀のものである。これから独立しようと意気込んでいた状況で植民地人が本国の政策に示した反応は、パーカーの言葉に見られる冷静沈着さとは全く無縁だった。すなわち植民地人による抵抗は反逆罪ではないと強く反論するにとどまらず、むしろアメリカの自由と独立に反対することこそが反逆罪に相当するという主張まで展開したのである。

ヘンリー八世の一五四三年の反逆罪がブリテン側によって持ち出されたことに対抗して、植民地側は伝統的に最も権威があるとみなされてきた一三五二年の反逆罪に基づき、擬制反逆罪の考え方に基づく恣意的な法の解釈や適用に反対する意思を明示した。しかも、一五四三年の反逆罪法が北米に植民地が建設される以前に制定されたことを根拠に、同法はアメリカに適用できないと主張した。

このようにブリテン側の主張を明確に否定した上で、植民地人たちは攻勢に転じた。すなわち、ブリテンの政策を支持するブリテン人と植民地人こそが「国賊《トレイター》」だというレトリックを用いたのである。こうした「国賊」は厳密に言えば法的に反逆罪を犯したのではなく、より広くメタファー的な意味で反逆罪を犯したものと想定されているが、この場合、何に対して罪が犯されたのかに注目する必要がある。植民地人の主張によれば、「国《ザ・カントリー》に対する反逆」であり「基本政体《ザ・コンスティチューション》に対する反逆」でもあり、さらに「自由に対する反逆」ひいては「神に対する反逆」であるというのである。

こうした言葉遣いは、前章で検討した反逆罪のレトリックと瓜二つである。とりわけ、イングランド内戦の際、議会派によって活用された「国賊」を糾弾するレトリックに似ている。特にスチュアート朝の時代に目立つようになった、自由に対する反逆という政治的メタファーとしての反逆罪という概念が活用されたと見ることができよう。

ただし、ここで付言したいのは、このようなレトリックが「ブリテン」対「北米植民地」という図式で反英的な主張として展開されたとみなすなら、それはいささか短絡的にすぎる。なぜなら、北米植民地人たちにはまだアメリカ人としてのアイデンティティは確立されておらず、むしろ自分たちこそが真のイングランド人だという意識を抱く場合すら少なくなかったからである。

たとえば、のちにデラウエアやペンシルヴァニアの指導者として活躍するジョン・ディッキソンは、植民地人がブリテンの政策に反対しなければ、「我々の主権とイングランド人民の威光《マジェスティ》に対して反逆罪を犯すことになってしまう」のであり、「イングランドはアメリカにおいて救済されなければならない」と主張した。すなわち、ブリテンは植民地の自由を蹂躙したことで、もはや真のイングランドではなくなった。むしろアメリカにこそ真のイングランドが存続しなければならない、というわけである。これはアメリカン・アイデンティティの誕生ではなく、むしろイングランド内戦時にもみられた真のイングランド人の理想としてイングリッシュ・アイデンティティの防衛の主張である。イングランド人であることのナショナル・アイデンティティの構成要素の一つはイングランド人が生来持つ自由と権利であった。その自由と権利を守り抜くことこそが、イングランド人である証だった。この文脈で、植民地人が自身について「イングランド人民の威光」に言及しているのはまさに象徴的である。

こうしてみれば、「国に対する反逆」という表現に見られる「国」が「自由」や「基本政体」といった非人格的な存在としての政治理念を意味していることは明らかである。このような主張を裏返せば、イングランド内戦の時と同様、ブリテンの君主への忠誠が消し飛びつつあることを示唆する。

実際、アメリカ独立戦争の火蓋が切られると、国王ジョージ三世は、反乱に加担するアメリカ臣民は「反逆者《トレイター》」であり、彼らをブリテン国内で裁くことを宣言したが、これに対し、一七七六年七月四日の独立宣言以後は、「暴君」ジョージ三世こそが敵であるという主張を植民地側の「愛国者《パトリオット》」は鮮明に打ち出した。ここでも、反逆罪のレトリックは、国王個人への忠誠を否定し、非人格的存在への献身を称揚している。その結果は、イングランド内戦の時と同様、革命的である。北米植民地の独立により、ブリテンとの分断を決定づけたからである。

一七八七年、フィラデルフィアに所在し現在インディペンデンス・ホールの名で知られる建物で開かれた会議で制定された憲法には、反逆罪についての条項が盛り込まれた（第三章第三条）。その内容は、一三五二年の反逆罪法を基礎としたものであると評価されている。

これによれば、アメリカ合衆国に対する反逆罪は、「合衆国に対して戦争を起こす場合、または合衆国の敵に援助と便宜を与えてこれに加担する場合」に限って成立するとされた。反逆罪で有罪となるには、「同一の外的行為について二人の証人の証言、または公開の法廷での自白」が必要とされた。

連邦議会には、反逆罪の処罰を宣言する権限があることが明記されたが、その一方で、反逆罪を理由とする私権剝奪の効力は、「血統汚損あるいは私権を剝奪された者の存命期間を除き、財産没収には及ばない」と規定された。

アメリカ独立戦争でブリテン側に寝返った軍人ベネディクト・アーノルドはもっとも卑怯な国賊としてアメリカ人なら知らない者は一人もいないといわれている。この事例をはじめとしてアメリカ合衆国にも独自の反逆罪の歴史があり興味深いが、ここでは立ち入らない。アメリカ独立戦争の節を締めくくるにあたり、領土と反逆罪の関係についてもう一点、付記しておきたい。それは、領土内に滞在する外国人には、その国で反逆罪を犯しうるのかどうか、という問題についてである。

結論から先に言えば、一七七六年七月四日のアメリカ合衆国独立宣言に先立って同年六月に大陸会議は、各植民地が合衆国の邦《ステイト》(すなわち州)として独立したのち、それぞれ反逆罪法を定めることを推奨した。そして、各々の植民地に一時的に滞在する者やただ単に通過するだけの者も、その植民地領内に滞在する限り、その法の保護下にあるから、その植民地に対する一時的な忠誠義務(temporary allegiance)が課されるという原則を定めた。

つまり、ある領土内に滞在する外国人は、その滞在期間の長短にかかわらず、滞在期間中はその領土内での一時的忠誠義務を負うということである。一時的とはいえ忠誠義務が生じるということは、その領土内で外国人が反逆罪を犯すことは可能であるという結論になる。

このような考え方は、一七世紀イングランドの法学者エドワード・クックやマシュー・ヘイル、さらに一八世紀のマイケル・フォスターらによって練られた考え方を継承するものだった。

彼らの見解には若干相違点があるが、少なくともイングランド（またはブリテン）に短期間といえども滞在する外国人は、国王の保護のもとにあるから国王に対する一時的忠誠義務を負うという点では共通していた。したがって、イングランド（またはブリテン）領土内に滞在する外国人も、自国人同様、反逆罪を犯しうることになる。この一時的忠誠義務という考え方を植民地は継承したというわけである。

以上のようにアメリカ独立戦争に関連して生じた反逆罪をめぐる議論には、領土という問題が密接に絡んでいる。自国領土の外で自国に対し反逆罪を犯しうるのかという問題にせよ、外国人は滞在先の外国領土内でその国に対し反逆罪を犯しうるのかという問題にせよ、反逆罪を領土と絡めて考察する視点が共通している。

これは、歴史地理学者のスチュアート・エルデンが論じるように、ライプニッツ以来、主権概念が領土という概念とはっきり結び付けられたことと関係している。主権とは、領土内では至高の政治権力を意味し、領土外に対しては、その主権がほかの主権者によって承認されることを要求する存在となった。

それは、主権を主張する非人格的存在としての国家や人民という概念が領土的な性格を強く帯びるようになったことを示している。前章で「国」という概念が国王とは区別される国土という意味で非人格的な性格を強めたことを論じたが、その延長上に、地理学や地誌学の視点から国土の理解が深まり、測量技術の発展と共に地図作成技術が精度を増すにつれて領土という概念が現れた結果であったといえよう。

3　反逆罪への批判

ダミアンによるルイ一五世暗殺未遂事件

ここからはフランスに目を転じたい。

一七五七年一月五日、フランス国王ルイ一五世はヴェルサイユ宮殿で馬車に乗ろうとしたところをロベール＝フランソワ・ダミアンに襲われた。ダミアンは短刀で国王を刺したが、真冬で厚着をしていた国王はかすり傷を負っただけで命に別状はなかった。襲撃犯はその場で取り押さえられた。

ダミアンは召使として仕えていた主人から大金を着服し逃亡中の身だった。当局は、単独犯行であるはずがないという想定のもと、犯行の背景と共犯者を洗い出そうと躍起になったが徒労に終わった。パリ高等法院はダミアンに対し、反逆罪で有罪判決を下し、グレーヴ広場で処刑が執行された。その詳細は、二〇世紀フランスの哲学者ミシェル・フーコーの代表作『監獄の誕生』の冒頭で紹介されていることでも有名である。一世紀半前にアンリ四世を暗殺したラヴァイヤックの公開処刑と大同小異だったといえば、その凄惨さは容易に想像がつくであろう。一八世紀フランスの劇作家ルイ＝セバスティアン・メルシエの『一八世紀パリ生活誌』（一七八一―八八年）は、この暗殺未遂事件について「国王を刺すということは、一国を殺害するということだ。なぜなら王を倒したその手は政治的統治機構に大変動を引き起こすからだ（中略）君主の神聖な身体に危害を加えるということは最大の犯罪である」と記している。ここには君主イコール国という伝統的理解と、君主の身体の神聖性について伝統的な見解が表明されている。

また、フランス啓蒙思想を代表する業績である、ディドロとダランベールが編纂した『百科事典』を見ても、反逆罪とは「国王またはそのほかの主権者に反して犯される犯罪」であるとし、「そのほかの主権者」に言及はあるものの、やはりまず「国王」に危害を加える行為として理解されていた。「そのほかの主権者」とはここでは「国家」が想定されていると解釈すべきであろうが、その場合も、「国家」は国王個人によって体現される存在を意味した。そうであればこそ、「国家」に反する陰謀を最悪の反逆罪であると論じる際に、その「国家」は主権者の生命という人格的存在として理解されていた。

こうしてみると一八世紀後半のフランスでは、反逆罪に関して伝統的な理解が依然として影響力を保っていたように見えるかもしれない。

モンテスキューの反逆罪論

しかし、その一方で、反逆罪に対して懐疑的な見解が台頭しつつあった。一八世紀フランスを代表する政治哲学者モンテスキューはその主著『法の精神』（一七四八年）で反逆罪批判を展開した。第一二編第七章で、カトリック宣教師が伝える中国の事例を引きつつ、反逆罪（岩波文庫版では「不敬罪」と訳されている）についてこう述べている。「反逆罪が明確さを欠くことは、政体が専制政治に堕するのに十分である」。中世以来の擬制反逆罪という概念やチューダー朝イングランドでの反逆罪の拡大がどれほど政治権力の強大化に寄与してきたかに鑑みれば、「反逆罪が明確さを欠くこと」をモンテスキューが憂慮したのも無理はない。

そのチューダー朝イングランドやルイ一三世とリシュリューが権力を奮った一七世紀前半のフランスでは「言葉による反逆罪」という考え方が登場したが、こうした歴史についてもモンテスキューは批判的である。曰く「不謹慎な言葉を反逆罪の構成事実とする場合ほど、この罪をなお一段と恣意的にするものはない。（中略）言葉は決して犯罪の本体を成さない。それは観念にとどまるにすぎないからである」（第一二編第一二章）。

そもそもモンテスキューにとって言葉は曖昧である。同じ言葉を用いても文脈によっては同じ意味を持つとは限らない。言葉は多義的であり、むしろ沈黙の方がより多くを語ることもある。したがって言葉を発することだけで反逆罪に問われることは不当である。言葉による反逆罪を法制化するようなところでは「自由はもはや存在しないばかりか、その影さえ存在しないのである」(第一二編第一二章)。

このように考えるモンテスキューにとって思想や良心に関わる事柄は法廷で扱われるのに馴染まない。法的に処罰されるべき言葉とは、その言葉が外面的に観察可能な犯罪行為を伴ったり、そうした行為を準備したりする言論である。この点は、一七六〇年代にブラックストンも指摘している。

さらに、たとえ言葉が外面的な犯罪行為を伴っている場合でも、処罰は過酷なものであってはならないとモンテスキューは警告する。その際、モンテスキューの念頭にあったのは、イタリア・ルネサンスを代表する政治思想家マキャヴェリの刑罰論であろう。マキャヴェリがローマ史を論じた『ディスコルシ』(第三巻第一章)は、定期的に厳格な処罰が行われないと支配者を舐めてかかりあしざまに言うようにすらなると指摘する。いったん支配者が舐められるようになってしまうともはや歯止めが効かなくなり、法を厳正に執行することもおぼつかなくなる。それを未然に防止するには、定期的な厳しい刑罰で人民に恐怖心を抱かせることが必要だというのである。

モンテスキューもローマ史から教訓を汲み出そうとするが、マキャヴェリの主張とは正反対に、共和政において反逆罪を過度に処罰することはかえって危険であると論じる。なぜなら

「少数の公民に大きな権力を握らせることなしに、大規模な処罰を、したがって、大規模な変革を行うことはできない。(中略)国家の復讐の口実の下に、復讐者たちの暴政が樹立されるかもしれないからである」(『法の精神』第一二編第一八章)。

さらに、古代ギリシャ人の過酷な刑罰が最終的にはギリシャ国家の動揺をもたらしたと指摘して、モンテスキューは共和政の転覆を図った者に対して追放や財産没収などの処罰は望ましくないとし、処罰に替えて恩赦を勧める。反逆罪の処罰と同様の犯罪の再発防止に躍起になるあまり、共和政が暴政に陥り、市民的自由が犠牲になることを恐れるからである。

反逆罪についての庶民感情の変化

この点、同時代のイングランドは一見したところ対照的である。ブラックストンは反逆罪の処罰に関して旧態依然とした見解を持っていた。すなわち、馬による引き回しの上、首吊りにし、内臓を抉って焼却、首を切断したのち、身体を四つ裂きとし、それぞれの身体部位を国王の望む方法で処分するというものだった。

まるで中世以来、全く代わり映えしないかのようであるが、それはあくまでも法理論の話であって、法の実際は異なっていた。イングランドでは一八世紀中盤ともなると、死刑執行の正式な命令に背いて処刑人が手加減をするようになったのである。中世以来の伝統によれば、首吊りと内臓抉りの際には受刑者はまだ生きており、首の切断でようやく絶命するはずだった。しかし、一八世紀半ばには内臓抉りの前に受刑者は死亡するように配慮された。

このような変化は当時公開で行われた処刑に対する観衆の態度の変化を反映していた。そもそも処刑が中世以来公開で行われたのは、反逆者を徹底的に懲らしめることで、反逆罪を犯しうる者たちへの警告の意味があっただけでなく、受刑者に対する怒りや憎しみの感情を大多数の観衆に抱かせることを目的としていた。しかし、一八世紀には公開処刑の観衆の間に、受刑者に同情や共感を抱く傾向が一般的となり、むしろ反逆者への過酷な刑罰自体が怒りや憎しみの対象となった。処刑人が受刑者を早々と死亡させたのち、残酷な処刑を儀礼的に行ったのは、こうした一般的な社会感情の変化に対応しつつ、しかし伝統的な作法に則《のっと》った処刑を行う法的義務があったことを受けての妥協策だったといえよう。

4　フランス革命

「国民反逆罪」の誕生

前節で論じたように、フランスでは一八世紀半ば以降、反逆罪に対する過酷な処罰を有力な知識人が批判するようになった。だが、それだけではない。フランス革命前夜には、反逆罪概念そのものが再検討される傾向が既に現れていたことに注意を要する。

歴史家G・A・ケリーは、一七八〇年代に、反逆罪を君主個人に対して危害を加える行為ではなく、人民や国家に対する犯罪として理解する傾向が明らかに強まっていたと指摘する。それと同時に、貨幣偽造を反逆罪より軽い犯罪とみなすなどして、反逆罪に相当する犯罪行為をより限定的に捉える傾向が現れた。それはとりもなおさず、リシュリューの時代にとりわけ顕著だった反逆罪の拡大傾向に歯止めをかける動きであった。

しかし、そうした法律論が登場するのに先立って、反逆罪のメタファーを用いたレトリックが目立つようになった。一七五〇年代には、啓蒙思想に特徴的なコスモポリタニズムは「祖国《パトリ》に対して冷淡」である点で反逆罪に相当するという言説が現れた。このような主張は、革命派がのちに活用するものだが、一八世紀中葉の時点では、旧体制《アンシャン・レジーム》を擁護した歴史家ジャコブ＝ニコラ・モローのような論者によっても主張された。すなわち、反逆罪は非人格的な存在である「祖国」に対して犯されるものという理解が広まりつつあったのである。前章末尾で論じたように、王権から独立した存在としての「社会」という新しい概念が共有されるようになり、公的な規範の受け皿として神聖視される傾向が生まれていたことも以上のような歴史的動向と軌を一にすると見てよいだろう。

反逆罪の中核がもはや君主個人に対する攻撃ではなく、祖国や人民のような非人格的存在への攻撃であるという理解へと変化を遂げることは、ローマ的反逆罪理解が中世盛期以来、主流を占めてきたフランスでは、マイェスタスの担い手が君主から祖国や人民、とりわけ「国民《ナシオン》」へと取って代わられることにほかならなかった。その結果、反逆罪は従来のレース・マジェステ(lèse-majesté)という表現に代わり、レース・ナシオン(lèse-nation)、つまり国民を毀損する罪を意味するフランス語表現がフランス革命の時代に登場した。以下の論述では、このレース・ナシオンに「国民反逆罪」という訳語を充てる。

この歴史的変化が何を意味するかは、チャールズ一世の処刑を既に検討した今や明白であろう。国王がマイェスタスの担い手である限り、国王は反逆罪の犠牲者ではあっても、国王が反逆罪を犯すことは定義上ありえない。しかし、国王ではなく国民がマイェスタスを占有するならば、むしろ国王が反逆罪を犯す可能性が生じるのである。

「国民反逆罪」をめぐる論争

フランス革命の勃発と共に、国民反逆罪という概念が革命派の用いる政治的レトリック上の武器として生まれたことの重要性はいくら強調しても強調しすぎることはないであろう。この概念は法的なものではなく、メタファー的な政治的概念としてまず普及した。

その事例としては、一七八九年にノルマンディーのベレーム市長バイヤール・ド・ラ・ヴァントリが国民議会によって反逆罪に問われたケースがある。公金を横領し、民衆に向けて発砲することを軍に命じ、国民議会を中傷したことが、この市長が起訴された理由である。

そこで注目に値するのは、検事が市長の罪状を「国民反逆罪」または「人民反逆罪（lèse-peuple）」であると断定するにあたって用いた議論である。立法府はもっぱら君主に対する反逆罪については盛んに云々するのに引き換え、国民反逆罪については沈黙したままであると不満を漏らしたのち、検事は続けて言う。国民反逆罪を処罰するのに、前もって法律が成立している必要はない。法律が成立していることが必要とされるのは実定法に関わることである。しかし、国民反逆罪は自然法に関わるからである。自然法は万人の胸のうちに刻まれているから、ペレーム市長の行動が犯罪であることは万民にとって明らかだ、というのである。国民反逆罪は実定法に先立つ自然法に関わる犯罪だというのは、前章で検討したホッブズの反逆罪理解と同様である。

このように反逆罪を実定法と無関係だとみなす考え方には、反逆罪を制定法のレベルではなく政治思想のレベルで理解する視点が表れている。とはいえ、一六世紀以来の反逆罪に関する王令の伝統に基礎づけようとする試みも見られなかったわけではない。一七八九年に国民議会で国民反逆罪に法的な定義を与えるために議論が重ねられたが、しかし、失敗に終わっている。急進派にとって、国民反逆罪とは国民の諸権利を尊重しない行為すべてを意味した。すなわち、国王ではなく「国民の諸権利」を神聖不可侵なものとみなし、これを毀損する行為を反逆罪とするこの考え方がローマ型の伝統的な反逆罪概念に即したものだったことは明らかである。

急進派は、モンテスキューの警告にもかかわらず、国民反逆罪を可能な限り広い意味で定義するように努めることで、絶対主義成立期に反逆罪が重要な役割を果たしたのと同様に、革命による新秩序の構築にも「国民反逆罪」を活用しようと試みた。ヘンリー八世とエリザベス一世のイングランドやルイ一三世とリシュリューのフランスと同様、新しい国家秩序の形成を目的として反逆罪の拡大適用がめざされたわけである。

しかも、国民反逆罪という概念は、表面的には新しく見えるが、実は伝統的な「王の二つの身体」という考え方をモデルとしていた側面もあった。そのことは、革命急進派の代表的指導者マクシミリアン・ロベスピエールが国民反逆罪をそのほかの犯罪から峻別し、大略次のように述べたところにも明らかである。すなわち、「国民の安寧の確証と生命」は二通りの仕方で攻撃されうる。なぜなら国民とは人々の共同体として物理的な存在であると同時に、政治的身体として道徳的存在でもあるからである。人民の自由を攻撃することで憲法を攻撃する者は、国民に対する親殺しの罪に相当する、というのである。反逆罪法にまつわる伝統的な言語表現を踏襲しつつ、「王の二つの身体」の代わりに「国民の二つの身体」についてロベスピエールは語ったのである。

急進派が国民反逆罪という新しい概念を活用するのを急ぐあまり、その厳密な定義すら必要ないと主張したのを危惧する声もなかったわけではない。たとえばジャーナリストのルイ＝マリ・プリュドムは、人民が構成する政治共同体に対する危害を国民反逆罪とみなすといっても、危害を与える行為をどのように分類すべきか、また、何をもって人民の安全とみなすのかについて回答するのは容易ではない、と主張し、国民反逆罪に対する警戒心をあらわにした。

さらに一歩踏み込んで国民反逆罪という概念そのものを批判した論者にジャーナリストのフランソワ・ド・パンジュがいる。彼によれば、伝統的な反逆罪がそのほかの通常の犯罪と峻別されるのは、前者が君主政にとっての脅威である一方、後者が社会一般にとっての脅威だからであった。しかし、革命が社会に法の下の平等をもたらした結果、全ての犯罪は社会一般に関わるものとなり、君主政にとっての脅威だった反逆罪という犯罪はもはやその存在意義を失ったという。

このような批判や懐疑が存在したにもかかわらず、国民反逆罪という新しい概念を革命急進派が活用したことでフランス「国民《ナシオン》」の神聖不可侵性（つまりマイェスタス）は急速に確立された。すなわち、フランス国民のナショナル・アイデンティティが民衆の間で単に形成されたというにとどまらず、神聖性を獲得したのである。この歴史的変化を象徴する事件として、ルイ一六世の裁判と処刑は注目に値する。

転機としてのヴァレンヌ逃亡事件

フランス革命は一七八九年七月一四日のバスチーユ牢獄襲撃事件で幕を開け、ナポレオンが実権を握るまでの一〇年間にわたって続いた。ギロチンがフル稼働した結果、国王ルイ一六世や王妃マリー・アントワネットはもちろん、革命派のリーダーたちも少なからず断頭台の露と消えた時代として広く知られている。

しかし、それは主にいわゆる恐怖政治(一七九三—九四年)の話であって革命の最初期は政治的に穏健だった。すなわち王政を廃止するのではなく、絶対王政を立憲王政へと再編することが目指されていたのであり、こうした動きにルイ一六世も協力的であると広く認識されていた。

ただし、この頃までには、王権が神に直接的に由来するという考え方は既に後退しており、国王はこの世における神のような自己イメージを維持できなくなったため、臣民全てを家族として愛する「父」という親しみやすい存在へとイメージ替えが迫られていた。それに呼応して、国王は威光を自ら放つ存在ではなくなり、「フランス人民の威光《マジェステ》」の代表として、国家の基本組織の一機関にすぎないものと認識されるようになった。このように絶対王政が立憲王政へと転換される思想的潮流が形成されていたのであり、ルイ一六世は当初、その波にうまく乗ることができたかに見えた。実際、民衆は国王にまだ親しみを覚えていたのである。

ところが、周知のように、フランス革命は、立憲王政への転換という企てを放棄し、王政打倒へ向けて過激化する。その主な転機となったのは、ヴァレンヌ逃亡事件である。一七九一年六月、国王ルイ一六世と王妃マリー・アントワネットそしてその子供たちは秘密裏にパリを脱出し、亡命貴族や隣国オーストリアの援助を求めてフランス東部の国境を目指した。しかし、ロシア貴族の一行になりすました変装が見破られ、国境近くのヴァレンヌで国王一家が逮捕された事件である。

この事件がフランス人たちに与えた衝撃は大きかった。国王が外国勢力と共謀し、外国の軍隊と共にフランスを攻める計画だったことを明るみにしたからである。それまで、革命派に協力的だと民衆の間で人気があったルイ一六世は、実のところ反革命的であるとの認識が広まり、国王の信用は地に堕ちた。

「元国王」ルイ一六世の裁判と処刑

こうして革命の振り子は反国王、反王政の立場へ大きく振れることとなった。一七九二年八月に王政は廃止された。ルイ一六世は廃位され「元国王」である一市民ルイ・カペーとなった。

前章でチャールズ一世の処刑を検討した際、彼は国王の地位にあるまま処刑台に登ったことを指摘した。チャールズは「王冠を頭にいただいたまま」斬首されたのである。その点、ルイがその裁判と処刑に先立って、国王としての特権を剝奪された結果、一市民になっていたことは注目に値する。

国王という地位が廃止されルイが一市民となったのは、革命の基本理念に合致するものだった。フランス革命が目指した政治理念のひとつは、法の下の平等である。国王という特別な地位を認める限り、国王やその恩恵を被る特権階級が、そのほか大勢の一般庶民(第三身分)と同じように法の下で平等な扱いを受けることはない。特に国王の場合、神聖不可侵であって、法の裁きの対象とはなりえない。

これに対し、革命が達成しようとした狙いとは、旧体制下における不平等な法体系を全面的に作り替えるところにあった。つまり、既存の法を適用するだけでは済まされなかったのである。その意味で、革命は、マイケル・ウォルツァーが指摘するように、法のレベルではなく、政治的・道徳的レベルで正当化されなければならなかった。したがって、国王を一市民として裁くことは、革命という政治的・道徳的プログラムの一環として必要であった。

しかし、ルイ一六世から王位を剝奪し一市民として扱うことには法的問題が残った。なぜなら一七九一年の憲法によれば、国王は、国王である限り、弾劾の対象とはなりえても、裁判の対象ではありえなかったからである。確かに国王ルイ一六世は今や一市民ルイ・カペーにすぎない。しかし、彼が国王の地位にあった時期の行為に関しては、あくまでも国王の特権が有効であり一市民として裁きを受けることは法的に不可能となる。

しかも、同じく一七九一年制定の刑法によれば、国王は反逆罪を犯す主体として想定されていなかった。反逆罪とは自国の人民に対して危害を加えることであり、国王も反逆罪を犯しうることを規定した法律が存在しなかったのは、チャールズ一世の場合と同様だった。

それにもかかわらずルイを審理するには、正式なプロセスとはいえ例外的なものとならざるをえない。こうして、裁判は通常の司法機関や特別法廷ではなく、王政廃止以後、男子普通選挙によって発足した議会である国民公会が行った。

ルイが裁判にかけられ有罪となったのは、フランス人民に対する裏切りという「犯罪」を犯したためであったが、その「犯罪」とは、より正確にいえば、フランス人民が選出した代表たちの権威を犯し、国内の反乱分子や国外の亡命貴族といった革命政府への反対勢力に加担し、外国勢力と内通してフランスへの侵攻を計画したことであった。しかも前述のように、ルイが裁判にかけられる頃までには反逆罪とはフランス人民やフランス国民に対して犯されるもの（すなわち国民反逆罪）を意味するようになっていた。マイェスタスは既に国王の手中にはなく、フランス国民によって占有されるという認識が有力になっていたのである。

ところが、反逆罪で元国王をどう処罰すべきかをめぐって意見は割れた。反逆罪の処罰とは通常、死刑であったことはいうまでもない。しかし、前述したように、モンテスキューは反逆罪に対する過酷な処罰を批判していたし、刑法学の権威として名高かったイタリアのチェーザレ・ベッカリーアも同様の主張を展開していた。こうした新しい思潮を受けて、死刑ではなく、禁錮刑あるいは流刑を主張する向きが少なくなかった。国民公会でも、ルイに対する処罰は死刑が自明視されていたわけではなかった。

また、死刑に処するにしても、その方法を革命は既に一新していた。ギロチンによる斬首刑である。ギロチンが、一九八一年に死刑が廃止されるまでフランスで広く使用されたのは、一つには素早く確実に受刑者を死亡させる点で「人道的」だと考えられたこともある。しかし、ここで注目したいのは、もう一つの理由、すなわち、ギロチンが革命の時代に導入されたのは法の下の平等を象徴していたことである。旧体制の下では、処刑法は身分によって異なっており、大雑把にいえば、特権身分のものは斬首刑、そのほかの民衆は絞首刑だった。これに対し、すべての市民にとって平等に用いられる処刑法としてギロチンによる斬首刑が定められたのである。

最終的に、ルイに死刑宣告が下ったのは革命の要請であったといってよい。革命が革命たるには、旧体制を転覆しなければならない。それは旧体制を構成する制度とそれを支えたイデオロギーを全否定する必要があった。そうすることではじめて、新たなマイェスタスの担い手が歴史の表舞台に登場するのである。こう考えれば、急進的な革命派のロベスピエールが「ルイは死なねばならない。なぜなら祖国が生きなければならないからだ」と述べたのも首肯できよう。

こうして一七九三年一月に元国王ルイ・カペーはギロチンで処刑された。

ルイの処刑についてウォルツァーは慧眼にも次のように指摘する。「君主政は何千もの暗殺をも乗り越えて生きのびる。しかし、たった一回の処刑をもちこたえて生きのびることはない」。国王の処刑は、旧体制を全面的に破壊し、新たなマイェスタスの担い手を誕生させた。フランス革命の場合、それはフランスの「人民」であり「国民」であった。この点で、ルイの処刑はチャールズ一世の処刑と相似する。

「国民」が新たな擬似宗教的な信仰対象として急速に確立されてしまうと、ナポレオンが実権を握った一九世紀はじめには、フランス国民の統一性を維持・強化するのに、国民反逆罪という法的手段に頼る必要はすでに減じていた。国民反逆罪を持ち出す代わりにナポレオンが「国民」意識を鼓舞する上で活用したのはむしろ対外戦争であった。国内で「国民」への忠誠が安定化すればするほど、忠誠心の激情は対外的に発揮されるようになることをナポレオンは見逃さなかったのである。対外戦争における勝利の栄光は国内に跳ね返り、国民意識をさらに強化したことはいうまでもない。

ただし、国内での「国民」への忠誠心が安定化したとはいっても、不忠とみなしうる人々が絶滅することはありえない。しかし、国民意識が民衆の間に広く共有されてしまえば、ナショナル・アイデンティティにもとる人々を庶民自らが「国賊」として糾弾するようになる。つまり、メタファーとしての反逆罪のレトリックを民衆が自ら用いることで、異分子の排除に努めるようになるわけである。

もともとナショナル・アイデンティティは、少なくとも中世末期以降、エリート層の同郷人意識として形成されたものだが、フランス革命政府は、ありとあらゆる手段を動員して「国民」意識を一般民衆に植え付けることを試みた。農民や手工業者を含む一般庶民が「国民」意識を抱くように教え込む国民教育プログラムこそは近代ナショナリズムの一大特徴である。その結果、「国賊」の排除もまた、エリート層だけに限らず一般民衆の間で広く見られる現象となった。革命を経て近代ナショナリズムが成立したことで、反逆者のメタファーである「国賊」を公的に糾弾するレトリックが普及したわけである。

こうして反逆罪は、社会的非難の対象としての性格を革命以後も堅持することとなった。

フランス革命に対するブリテンの反応

フランス革命の激震は、ドーバー海峡を挟んだ向こう岸にも及んだ。革命勃発間もない一七八九年一一月に、非国教会の指導者リチャード・プライスが「祖国愛について」と題した説教を行ったが、フランス革命に共鳴しつつ、祖国愛のあるべき姿について論じたその説教は、ひと月後にはその内容を増補した小冊子として刊行され話題を呼んだ。

これに危機感を抱いたのが、保守主義の始祖として有名なエドマンド・バークである。一七九〇年に『フランス革命についての省察』を刊行し、抽象的原理が先走った結果、伝統的な社会秩序が破壊されているとフランス革命を批判した。バークの著書も大きな反響を呼び、革命擁護派からの激しい反発を招いた。

革命支持派の論者の一人にはアメリカ独立革命の思想的指導者トマス・ペインもいた。バークに応答して一七九一年から翌年にかけて発表した『人間の権利』全二部は急進派民衆運動に火をつけたので、その主張を政府は問題視した。ペインは文書誹毀罪に問われ、法外放逐の刑を宣告された。

思想史の表舞台を飾る思想家たちがこのように激しい論戦を繰り広げたのに加え、革命理念に啓発され、人民主権、立憲政体の理想や普通選挙権の獲得を目指して活動した労働者も少なくなかった。こうして結成された政治団体のうち、特に有名なのは、一七九二年一月に靴職人トマス・ハーディを中心として発足したロンドン通信協会である。その組織的ネットワークは急速に拡大し、国内の急進主義的団体はもとより、フランス国民公会とも連携しつつ、全国的に民衆運動を展開した。

この動向を小ピットが首相として率いるブリテン政府は憂慮した。こうした急進派が立法権を主張する「民会」を組織し、君主政を廃止して政治体制を転覆する懸念が生まれたのである。とりわけ一七九三年一月にルイ一六世が処刑されたのちでは、ロンドン通信協会には国王殺害を企てている疑惑も持ち上がった。しかも、同年二月には革命フランスがブリテンに対して宣戦布告したため、仏革命政府と密接な関係を持っていたロンドン通信協会はブリテンにとって公然の敵であるかのようにみなされるに至った。

一一月に入って、モーリス・マーガロットとジェームズ・ジェラードの二人は、ロンドン通信協会を代表して、議会改革を主張する急進派組織「人民の友協会」がエジンバラで主催した会議に出席した。この会議が「公会」という名称だったところにフランス革命を意識していることが明白であり、政府は警戒心を強めた。その結果、人民の友協会の指導者の一人だったウィリアム・スカーヴィングらと共に、マーガロットとジェラードも逮捕され、煽動罪に問われた。彼らはオーストラリアのニュー・サウス・ウェールズへの流刑を言い渡され、ジェラードとスカーヴィングはかの地で死亡した。マーガロットは生きながらえてブリテンに帰国し政治運動を継続したが貧困のうちに死去した。彼らは(必ずしもスコットランド出身ではなかったが)「スコットランドの殉教者」として知られている。

トマス・ハーディの反逆罪裁判

一方、トマス・ハーディはロンドン通信協会の活動に東奔西走したが、彼もまた一七九四年五月に逮捕された。庶民院は特別委員会を設置してロンドン通信協会が関与した文書を押収・調査し、同協会が政治的暴力を行使しようとしていたことを主張した。その上で人身保護《ヘイビアス・コーパス》を一時停止することで、ハーディら急進的指導者を合法的に逮捕・収監することに踏み切ったのである。

検察側が憂慮したのは共和主義革命による体制の転覆だったが、ハーディの反逆罪を立証するためには、国王に危害を加えようとしていたことを論証する必要があった。したがって、検察側は、国王が、議会における国王(the king in parliament)として、立法府を中心とする国家機構における必要不可欠な部分を成しているから、国家、特に立法府に対する攻撃は国王に対する攻撃をも意味すると主張した。これは、基本的に、反逆罪は立法府の主権に対する攻撃だという認識に基づいている。前述の通り、イングランド内戦以後、ブリテンで有力となった反逆罪の理解であるが、反逆罪が何をおいてもまず国王に対して危害を加える犯罪だという伝統的な認識が放棄されていることに注意したい。

これに対し、ハーディを弁護した法律家トマス・アースキンは、まず、国王の行政権力を議会の立法権と区別することで、国王が議会と密接不可分の関係にあるという主張を切り崩した。

そうすることで、ロンドン通信協会の活動はあくまでも立法府の改革に主眼があるのであって、国王に対する攻撃ではないことを強調した。このように論じた上で、一三五二年の反逆罪法にある「国王の死を企んだり思い描いたりする」という文言がいったい何を意味するのか、という基本問題にアースキンは立ち返り、ロンドン通信協会の活動が果たして自然人としての国王の生命を奪うことを意図していたかどうかを疑問視した。国王個人を殺害することと国王の権力や威光《マジェスティ》に対する攻撃は区別されなければならないとし、どれほど国王の権力や威光に対して言論による攻撃がなされたにしても、それは国王殺害の行為はもちろん殺害の意図さえも立証するには不十分であると論じた。アースキンの戦略は功を奏し、ハーディは無罪となった。

この裁判で興味深いのは、リサ・ステフェンが強調するように、反逆罪がもはや人格的存在としての国王個人ではなく、非人格的存在である国家機構に関する概念であるという理解を検察側が一貫して示した点である。ところが、そうした新しい反逆罪の概念は、実際問題として有罪判決に漕ぎつけることを難しくした。そのことは、ハーディのみならずそのほかの急進主義運動家ジョン・ホーン・トゥックらにも陪審は無罪判決を下したことが示唆している。法的概念としての反逆罪は、近代国家の形成・強化の一翼を担うという歴史的役割を終えようとしていたのである。

ところが、国家や国民という非人格的存在に関わる反逆罪は、革命フランスと同様にブリテンでも、国民意識が形成されると共に、厳密に法的な概念ではなくメタファー的なものとして民衆の間に広まりつつあった。ハーディは法的には反逆罪に問われなかったが、民衆の目には「国賊」として映ったのである。ハーディが収監されていた間、暴徒が彼の自宅を襲い、身籠っていた妻リディアは恐怖に慄いた。夫に宛てた未完の書簡《ラブレター》を遺し、まもなく産褥で死亡した。

近代ナショナリズムの時代を迎え、反逆罪は、民衆にとっての政治的レトリックの武器として新たな生命を得ることとなったのである。

終章

反逆罪と現代

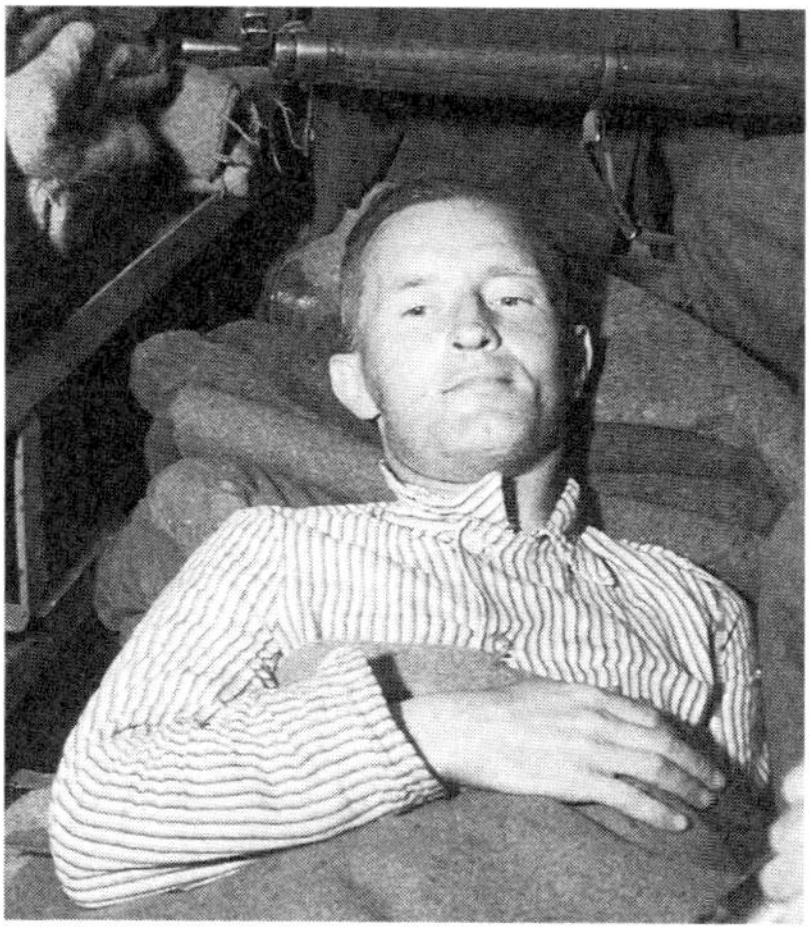

身柄を拘束された「ホーホー卿」ウィリアム・ジョイス

1　反逆罪と近代国家

最後の反逆罪裁判

ブリテンで反逆罪により処刑された最後の人物は、ホーホー卿という通称で知られたウィリアム・ジョイスだった。熱心なファシストだった彼は、一九三二年、イギリス・ファシスト連合の党員となった。第二次世界大戦の勃発寸前には、妻マーガレットと共にドイツへ移住し、ナチスのプロパガンダの一環だった英語によるラジオ放送に携わった。こうして「ホーホー卿」は英語圏で悪名高い存在となった。

ドイツ降伏直前にこの放送は終了となり、ジョイスは一九四五年五月二八日にデンマーク国境付近で英兵によって捕らえられた。ジョイスは偽造パスポートでその身元をごまかそうとしたが、英兵にはその声に聞き覚えがあった。

こうして逮捕されたジョイスは大逆罪で裁かれることとなった。しかし、彼は英国王を殺害しようと企んだわけではなく、国家機構を転覆しようとしたのでもなければ、敵国と内通してブリテンに戦争を仕掛けたのでもなかった。彼がしたことといえば、ドイツからラジオ放送したことで敵国のプロパガンダに協力したことであった。その上、ジョイスの裁判で浮上した主な争点は、ブリテンがドイツと交戦状態になった後、ジョイスが英国王に対する忠誠義務に反して「国王の敵」であるドイツに忠実だったかどうかだったのである。

この争点の法的妥当性についてはとりあえず問わないとしても、そもそも、ジョイスに英国王に対する忠誠義務があったかどうかすら疑わしかった。その理由は二つある。一つは、ドイツ移住後にジョイスはドイツに帰化したことである。ドイツに帰化したのちでは、英国王に対する忠誠義務は消滅し、反逆罪を英国王に対して犯すことはできない。

もう一つの理由は、ジョイスはブリテンに国籍があったかどうか疑わしかったということである。彼はアイルランド移民の子としてアメリカで生まれたのであって、しかも彼が所持したブリテンのパスポートは非合法に入手したものだった。しかし、裁判では、入手の経緯はともかく、英パスポートを所持したという事実そのものが、英国王政府の保護を受けてきた事実を意味するとみなされた。その限りにおいて英国王への忠誠義務も存在したという判断に基づき、ジョイスは有罪判決を受け、一九四六年一月三日に絞首刑となった。

この反逆罪裁判を最後として、反逆罪も歴史の表舞台から退場を迫られた感がある。しかし、それは現代国家に対する国民の忠誠心が揺るぎなくなり、国家がもはや国民の離反を憂慮する必要がなくなったからではない。ひとつには、ジョイスの事例が如実に示すように、国境を越える移住が大規模化した一九世紀以降、国家に対する忠誠が移民の増加と共に変化し多元化したからである。

一九世紀においては、個人が有する国籍はたった一つであり、しかも放棄することができなかった。しかし、移民国家として急速に成長したアメリカにとって、移民たちの国籍の重複が頭痛の種だった。そこでいわゆるバンクロフト諸条約をヨーロッパ諸国と個別に締結し、国籍問題の解決に努めたのである。こうして一九世紀末以降、他国に帰化することに伴い、それまで帰属した自国の国籍を放棄することが可能となった。ちなみに二重国籍や多重国籍が国際的に一般化したのは、まだ比較的最近の二〇世紀後半のことにすぎない。

反逆罪の末裔

このように、世界規模での人口移動が反逆罪という法的概念を時代遅れにした一因となったということはできよう。しかし、とりわけ交戦状態にある敵国と内通して自国に戦争を仕掛ける行為は、今日もなお国事に関する犯罪とみなされることに変わりはない。現在ではこうした「国家の敵」に対して国家機密保護法や反テロ法といった新しい法律が適用されるようになっている。

現代日本でも同様であり、たとえば外患誘致罪という犯罪が存在する。刑法八一条には「外国と通謀して日本国に対し武力を行使させた者は、死刑に処する」とある。これが外患誘致罪

であるか　これに準ずる犯罪として外患援助罪がある。刑法八二条によれば「日本国に対して外国から武力の行使があったときに、これに加担して、その軍務に服し、その他これに軍事上の利益を与えた者は、死刑又は無期若しくは二年以上の懲役に処する」とある。

さらに、刑法七七条は内乱罪を規定している。

「国の統治機構を破壊し、又はその領土において国権を排除して権力を行使し、その他憲法の定める統治の基本秩序を壊乱することを目的として暴動をした者は、内乱の罪とし、次の区別に従って処断する。

一　首謀者は、死刑又は無期禁錮に処する。

二　謀議に参与し、又は群衆を指揮した者は無期又は三年以上の禁錮に処し、その他諸般の職務に従事した者は一年以上一〇年以下の禁錮に処する。

三　付和随行し、その他単に暴動に参加した者は、三年以下の禁錮に処する。

2　前項の罪の未遂は、罰する。ただし、同項第三号に規定する者については、この限りでない」

このほかに、内乱予備罪や内乱陰謀罪(刑法七八条)、内乱幇助罪(同七九条、八〇条)がある。二〇一八年に、元参院議員の平野貞夫らが当時内閣総理大臣だった安倍晋三を内乱予備罪で刑事告発した例があるが、いずれも訴追された事例は極めて少ない。外患誘致罪の適用例は現在までのところ全く存在しない。

反逆罪の歴史とは

このように反逆罪は狭く限定された形で名称も新たに存続しているといえるかもしれないが、人々の目にあまり触れることのない犯罪となった。こうしてみると反逆罪がいかにも古色蒼然としたイメージを伴うことにも首肯できよう。また、それと同時に、反逆罪はまさに近代国家が生成・発展した時代に際立った歴史的役割を果たしたといっても大過はないであろう。

これまで、反逆罪をめぐる法制や言説の歴史的展開を中世末期からたどることで、中世にゲルマン型が優勢だった反逆罪は、次第にローマ型へと変貌を遂げたことを論じた。その結果、ゲルマン型の理解が有力だった時代には反逆罪とみなされなかった反乱や不服従が、反逆罪のカテゴリーに含められるようになった。反逆罪に問われる可能性は、ローマ型への移行とともに増大し続けたのである。

ローマ型の反逆罪の中核にあったのは、マイエスタスであった。神聖不可侵性を意味することの属性は、至高の支配権力によって万難を排してでも守られなければならない。したがって、マイエスタスの占有を主張する主体は、マイエスタスを脅かすいかなる企てに対しても最も厳格な態度で望まなければならない。それはすなわち、反逆罪を最悪の犯罪として陰惨極まりない刑罰を科すことであった。

反逆罪は、中世末期から一六世紀にかけて、君主の生命を脅かす行為を意味していたが、一七世紀以降、国家や国民、人民といった非人格的存在に損害を与える行為を意味するように変貌を遂げたことを見てきた。だが、その一方で、近代国家が胎動を始めるとともに、法的概念としての反逆罪はメタファー的に拡張され、政治的レトリックの表現としても立ち現れた。この政治的レトリックに見られる反逆罪とは、ナショナル・アイデンティティという非人格的存在に反するものであった点で、反逆行為によって損害を受ける対象が具体的な個人から非人格的存在へと転化する歴史的プロセスの一翼を担った。

しかも、反逆罪という概念がローマ型路線に沿って大きく拡張されることで無条件の服従を要求し、あらゆる抵抗を排除したことは、ローマ教会によるマイェスタスの主張を退け、世俗国家における絶対君主の主権の確立に大きく貢献した。ところが、反逆行為によって犯される対象が、人格的存在としての君主とは切り離された非人格的存在に移行した結果、国王がその非人格的存在に損害を与えることで反逆罪を犯すことが可能であるとみなされるようになった。このように反逆罪を国王に適用することで暴君と化したとみなしうる国王を断頭台に送ることすら可能となったわけである。すなわち、歴史は反逆罪が諸刃の剣であったことを示している。絶対権力を生み出す手段であった一方で、革命を実現するテコでもあったからである。後者は、君主に代わり「人民」や「国民」がマイェスタスの担い手となったイングランド内戦とフランス革命が例証する。

こうして近代国家が究極的な忠誠対象として確立されると、一七世紀末期以降、イングランドおよびブリテンでは、それまで政敵を葬り去る目的で反逆罪が濫用されてきたことを反省する機運が高まった。一六九六年の反逆罪法がようやく裁判の名にふさわしい原則とプロセスを定めたのが画期となった結果、一八世紀末のブリテンにおける急進派指導者に対する裁判で見られたように、反逆罪による有罪判決を下すことがかなり難しくなった。しかも、有罪となった場合でも、従来のような見せしめとしての公開処刑ではなく、より人道的かつ非公開の処刑となった。反逆罪に固有の陰惨な処刑法もお払い箱となったのである。

反逆罪のレトリックを支えるもの

しかし、その一方で、反逆罪が政治的レトリックとしていまだに命脈を保っている現実は看過して済ませるわけにはいかない。法的に反逆罪で有罪になる可能性はほとんど皆無に近くなったとしても、メタファーとしての反逆罪に問われることで「国賊」というレッテルを貼られる個人の政治的・社会的生命が脅かされる可能性は決して少なくない。場合によっては身体に危険が及ぶ場合さえもあるのが実情である。SNSの影響力がグローバルに拡大している今日、いわゆる政治的分断の深刻化が問題視される民主主義国では特にそうであろう。いわんや平時ではなく戦時となればなおさらである。

このように今日なお生きながらえている反逆罪のレトリックを支えるのは、ローマ型反逆罪の中核にあるマイエスタスである。マイエスタスという神聖不可侵性は、個人としての支配者だけでなく、「コモンウェルス」や「人民」、「国民」など近代国家をめぐる非人格的制度や団体によっても担われることはこれまで縷々《るる》論じてきた通りである。

とりわけ国民《ネイション》やナショナル・アイデンティティを構成する信念体系が神聖不可侵とみなされるとき、「国賊」は存在せざるをえない。また「国賊」を非難し糾弾することを通じて、「国民」の神聖性はいっそう輝きを増すことになる。神聖なものが存在するためには、それと陰陽の関係をなす卑賤なものが必要だからである。こうしてみると、近代国家には擬似宗教的な性格が伴っていることも看取できよう。

それでは以上のような歴史的考察は、現代日本にとってどのような意義を持つだろうか。この点について若干言及することで本書の結びとしたい。

2　反逆罪と近現代日本

近代日本の反逆罪

ここでは、既存の研究に依拠しつつ、本書の観点から特に注目に値すると思われる論点をごくかいつまんで論じたい。

大逆罪、不敬罪は一八八〇年(明治一三)に制定公布された刑法典に組み込まれて以来、一九四七年(昭和二二)の刑法改正に伴い削除されるまで、戦前・戦中を通じて温存された。「大逆」や「不敬」、「内乱」といった用語は中国の唐律以来の伝統的な法律用語である。唐律にいう「十悪」は通常の犯罪とは区別される重罪であり、個別には、謀反、謀大逆、謀叛、悪逆、不道、大不敬、不孝、不睦、不義、内乱の一〇種類からなる。

このうち最初の三つが君主や国に対する大罪である。唐律の十悪は、八世紀の養老律では「八虐」として再編されたが、十悪の最初の三つは、その用語がそっくりそのまま導入された。

養老律において、謀反は天皇に実際に危害を加えたり、あるいは危害を加えようとしたりする一切の企てを意味し、謀大逆とは、山陵(天皇、皇后などの墓)や宮闕(宮城)への破壊行為やそうした企てを指す。三つ目の謀叛は、自国に背き外国や「偽政権」と内通し加担する行為や計画を意味し、最初に言及した謀反とは区別される。謀反が君主という人格的存在への攻撃であるのに対し、謀叛とは非人格的存在としての「国」に背き、これに危害を加える行為であるという区分が八世紀初頭に存在したことに丸山眞男は「忠誠と反逆」で注目している。

こうした区分は一八八〇年の刑法典で明確にされた。大逆罪と不敬罪は、「皇室に対する罪」として、主に君主に対して危害を加える行為にあたる一方、内乱罪は国家に対する攻撃であると規定された。

この刑法典は、天皇および三后（太皇太后、皇太后、皇后の総称）と皇太子に危害を加える（あるいは加えようとする）者を死刑に処するものと大逆罪を規定している。また、天皇、三后、皇太子や皇陵（天皇の墳墓）に対して不敬な行為をする者を三カ月以上五年以下の重禁錮刑に処し、かつ二〇円以上二〇〇円以下の罰金を科すとしており、これが不敬罪である。明らかに、いずれも原則として天皇とその身近な家族の身体または威信を傷つける行為を処罰の対象としている。

ちなみに、ここで言及されている天皇陵への破壊行為は、本書で検討してきた英仏の伝統では見られなかったものである。現在でも天皇陵にはきまって「みだりに立ち入らぬこと」という宮内庁の制札が掲げられている。立ち入りすら禁止されているのであるから、学術目的のための発掘など論外とされている。

その理由は、外池昇が解説するように、陵墓は皇室の先祖の霊がやすむ場所であり、その先祖霊を対象として天皇が祭祀を行うからである。その意味で、陵墓は「聖域」であり神聖不可侵なのである。

さて、以上が「皇室に対する罪」としての大逆罪と不敬罪であるが、これに対し、「国事に関する罪」としての内乱罪も一八八〇年の刑法典は規定している。それによれば、内乱とは政府を転覆したり、国土を奪ったり、そのほか「朝憲」を「紊乱」したりすることと定義されている。そうした行為の首謀者とそれを唆した者、さらに内乱を起こす目的で準備を進めた者、そして政府を攪乱する目的で殺人を犯した者は死刑に処すと定めている。そのほか重要な役割を演じた者は無期ないし有期の流刑、武器や補給に関わった者やそのほか補佐的な役割の者は禁錮刑の刑罰が定められている。

内乱罪の定義に登場する「朝憲紊乱」という用語はその意味するところが必ずしも明確ではなかった。刑法学者の間でも論議の対象となったが、昭和の時代に入って、議会制度を否認したり、内閣制度を変革したり、そのほか国家の政治的基本組織を破壊しようとすることを意味するという限定的な理解が主流になった。

以上のように「皇室に対する罪」と「国事に関する罪」とを截然と区別し、しかも、後者に対して特に厳格な処罰を科すのは、これまでの歴史叙述に照らしてみれば、すぐれて近代的であると評価できよう。本書でこれまで論じてきたのは、反逆罪の概念が、君主個人に対する危害を中核とする理解から非人格的な国家への攻撃を中心とする考え方へと歴史的に推移してきた過程であった。「皇室に対する罪」が天皇やその家族に危害を加える行為である一方、「国事に関する罪」とは非人格的な存在としての国家や政府への攻撃である。一八八〇年の刑法典は明らかに近代ヨーロッパにおける反逆罪理解と軌を一にしたものだったといえる。

ただし、新井勉が指摘するように、一九世紀フランスをはじめとするヨーロッパの刑法典が大逆罪と内乱罪を一括りにするのに対し、日本の場合、これら二つは区別された点でユニークであり、ここには唐律以来の伝統が反映しているとみられる。

君主への忠誠と国への忠誠の癒着

しかし、このような評価はあくまでも法制史的視点に立つものである。政治思想的な観点からすれば、近代日本では「国」に対する忠誠と「皇室」に対する忠誠とは切断されるどころか、むしろ非人格的存在としての「国」に対する忠誠は、天皇という人格的存在への忠誠と癒着していた。このことは、とりわけ帝国憲法（一八八九年）と教育勅語（一八九〇年）の発布以降、「忠君愛国」というスローガンが正統の地位を確立したことに象徴されている。

「忠君愛国」には、天皇への忠誠と国家への忠誠とが二重写しとなっており、両者は切り離すことができない。しかも、丸山眞男が「忠誠と反逆」で指摘したように、「祖先教の伝統」や「家族国家」などといった概念も持ち出されたことで、「天皇制的な忠誠象徴はいわば社会化されて、政治的装置としての国家像は、共同体的なイメージの背後に退いて」(傍点原文)いった。その限りでは、「家族」や「祖先」といったイメージと結びつきつつ、天皇という人格的存在への忠誠が前景化されていたというべきであろう。

ところが、その一方で、君主への忠誠と国への忠誠の癒着を拒絶する思想が近代日本には存在した。明治前半期の自由民権運動である。たとえば、植木枝盛は、忠誠対象には、具体的な人格的存在としての君主とは区別される「人民ノ国家」があることを論じ、君主に対する忠誠としての「尽忠」は、「報国」や「愛国」という非人格的な「国」への忠誠へと変化を遂げるという。そこからさらに、忠誠対象として「吾々人民」という意識が現れることで「国家」に対峙する主体が確立するという。丸山は、「政府の首長もしくは代表者とネーション自体との区別の強調は、ほとんどすべての民権論に共通」すると述べている。

それだけではない。「反逆」もまた被治者(人民)が政府に対して企てるものだけではなく、政治権力が人民に対して「謀叛」を起こす可能性を、自由民権論は示唆した。しかし、そうした主張はヨーロッパの思想的伝統に依拠したものというよりは、むしろ日本の封建的伝統に根ざしたものだったことに丸山は注目する。すなわち、政治権力が人民に対して「謀叛」を犯したと判断する基準は「天」や「天道」の観念だったのである。

このような特質を有した自由民権運動は政府による取り締まりの対象となった。そこで活用されたのは不敬罪であった。渡辺治が論じたように、一八八〇年代を通じて自由民権運動家の演説や新聞に発表された論説などが不敬罪の発動により狙い撃ちされた。不敬罪こそは、皇室に帰属するマイェスタスを防衛する手段にほかならなかったのである。一八八九年には大日本帝国憲法が制定され、翌年には第一回総選挙が行われ帝国議会が開かれたのと符合するかのように、自由民権運動は収束に向かったが、それはもちろん自由民権運動の決定的勝利を意味しなかった。

一方、皇室のマイェスタスを不動のものにしようとする試みは、不敬罪の活用にとどまらず、教育勅語の発布にも結実した。すなわち、天皇を道徳の源泉と位置づけ、天皇への忠誠心を強固にする企てである。

こうして「忠君愛国」のスローガンが燎原の火のごとき勢いで影響力を増してゆく中、新たな標的となったのはキリスト教徒であった。内村鑑三の不敬事件（一八九一年）をきっかけとして、キリスト教は教育勅語の精神に反すると井上哲次郎が論じたことで蜂の巣をつついたような大論争が起こった。いわゆる『教育と宗教の衝突』論争である。

この論争は不敬罪をめぐる刑事事件にまで発展することはなかったが、キリスト教徒たちがメタファー的な意味での反逆罪に問われたことには、教育勅語が天皇のマイェスタスを主張する手段として有効に機能していたことを垣間見ることができる。これに対して、現世におけるマイェスタスを超える神のマイェスタスへの帰依(「人間に従うよりも、神に従わなくてはなりません」[使徒言行録第五章二九節])は、キリスト教徒にとって神聖不可侵な良心の問題であるはずだった。しかし、キリスト教陣営の論者の多くは、次第にキリスト教が忠君愛国の精神と矛盾しないことの弁明に努める結果となった。すなわち、天皇にマイェスタスが帰属することを認めざるをえないところへと追い込まれたわけである。

一八八〇年の刑法典は、一九〇七年(明治四〇)に改正された。新刑法も大逆罪や内乱罪の規定を有したが、大逆罪のケースは一九一〇年(明治四三)の大逆事件をはじめとして四例にすぎない。内乱罪の事例はただ一つもない。むしろ大正・昭和初期を通じて活用されたのは不敬罪だった。とりわけ天皇とは異なる「神」を信奉した新興宗教(たとえば大本教、ひとのみち教団など)の弾圧で重要な役割を果たした。

戦後日本におけるマイェスタスの行方

このようにマイェスタスという概念に着目するならば、英仏における反逆罪の歴史は戦後日本との関連で一つの問題を投げかけるように思われる。それは、戦後日本では新憲法が国民主権を主要原理として規定したとはいえ、そもそも国民が自らマイェスタスの占有を主張することが果たしてあったのか、という疑問である。再三確認したように、主権にはマイェスタスが伴わなければならないからである。

その点で興味深いのは、一九四五年以後に、明治維新と比較するに値する「既成の忠誠対象のドラスティックな崩壊と大量的な忠誠転移」（傍点原文）をめぐって内面的葛藤を示す資料やそうした葛藤を自覚化する思想的な営みが「あまりにも乏しい」と丸山が慨嘆したことである。苅部直の表現を借りれば、「いまや、政治体制の側も、それに対する批判者の側も、みずからの正当性を支える確固とした「原理」をもたず、それぞれに曖昧な一体感のうちにただよっている」にすぎない。

これをどう考えるべきだろうか。本書の視点から特に興味を惹くのは、一九四六年の天皇人間宣言であろう。天皇が自ら神性を否定したことは、マイェスタスという論点からすれば、まさに君主が自らそのマイェスタスを傷つけたのに等しいものと解釈できるはずだからである。実際、後年、三島由紀夫が『英霊の聲』で「などてすめろぎは人間《ひと》となりたまいし」という怨念にも似た言葉を繰り返したのは、神的存在としての君主が自らそのマイェスタスを毀損したあるまじき事態だったという認識に基づくものだったとみてよいであろう。

しかし、この人間宣言として知られる一九四六年元日の詔書は、実のところ、歴史家ジョン・ダワーの指摘によれば、あえて古風な日本語表現で記されていた上に、五箇条の御誓文の理想を冒頭で強調したために「神格の否定」というメッセージを伝達するにはあまりにも不明瞭なものだった。「神格の否定」はあくまでも戦勝国側の要求をやむなく受け入れたものにすぎなかったのである。この詔書を承けて談話を発表した当時の幣原喜重郎首相も、神格の否定について言及することはなく、むしろ「聖旨を奉戴して」民主主義と平和主義の国家を建設することを強調した。その意味で、人間宣言に、君主自身によるマイェスタス毀損という側面を見出して強調するのはおよそ妥当とはいえまい。

一方、イングランド内戦やフランス革命の場合、君主に対抗したのは「人民」や「国民」であったが、戦後日本では「国民」という用語が日本国憲法で採用されたことは注目に値する。なぜならこの「国民」という日本語表現には、ダワーが指摘するように、「人民と国や国家、あるいは天皇を含んだ最高権力との間に、潜在的にでさえ、いかなる敵対的な関係を暗示するものも存在しない」からである。これに対し「人民」という言葉は社会主義や共産主義とのつながりを連想させ、天皇制に反対する意味合いを持つために採用されなかった。しかも、人間宣言以来、歴代天皇はこの「国民」とともにあることを繰り返し強調し、メディアもまたそうしたイメージ作りに加担してきたのである。

こうしてみれば、丸山のいう「既成の忠誠対象のドラスティックな崩壊と大量的な忠誠転移」が戦後の日本で見られなかったのは必ずしも不可解ではない。天皇は人間宣言を通じてマイェスタスを自ら手放したわけではなかった。それと同時に、君主としての天皇と、日本人民および政治共同体としての「国」との間に潜在的に存在しえたはずの緊張を可能な限り日本人に自覚させないことに努力が傾注されたからである。

戦後日本の出発点において、君主(＝天皇)と人民(＝「国民」)の間でマイェスタスの争奪戦が生じる可能性の芽は早々と摘まれてしまった。「忠君愛国」というスローガンこそ戦後日本では雲散霧消したとはいえ、そこに象徴される天皇への忠誠と国(あるいは人民や国民)への忠誠の癒着は戦後も温存されたというべきであろう。その結果、日本における「国民主権」は、西洋政治思想史にいう「人民主権」と明らかに異なる独自の色彩を帯びることになったと思われる。

戦後八〇年が経過しようとしている今日、政治に対する無関心が広がっている印象が強い一方で、SNSを中心に反逆罪のメタファーによる政治的レトリックが巷に溢れている。ある特定の政治的主張を持つ個人や集団を「国賊」、「非国民」あるいは「反日」などという言葉で罵倒する行為は「あまりに品性を欠き卑劣で真剣に受け止めるに値しない」と無視したくなる誘惑に駆られるかもしれない。だが、こうした政治的レトリックが幅を利かせることで露わとなる政治的分断は、決して座視して済ますことのできない問題をはらんでいる。反逆罪のレトリックの背後には、究極的な忠誠対象に必ず随伴するマイェスタスへの崇敬感情が潜んでいるからである。自分が信奉する忠誠対象のマイェスタスが「国賊」によって毀損されているという危機感が少なからぬ人々の間で共有されているのである。

だが、反逆罪のレトリックを用いる人々は、マイェスタスがいったいどのような主体に帰属すべきだと主張しているのか。あるいは、少なくとも、何らかの主体がマイェスタスとして誰の目にも明らかな形で立ち現れることを待望しているのではないのか。この問いは、政治的分断の深層だけでなく、現代日本人の国家観の一断面を照らし出すのではないだろうか。

あとがき

本書は二〇一九年に岩波書店から刊行した拙著『愛国の構造』の問題意識を継承するものである。その書物を執筆するために準備を進める中で、「愛国的ではない」存在としての「国賊」や「非国民」についての言説を検討したところ、非難・糾弾するレトリックの背後には「反逆罪」の永く暗い歴史が横たわっていることに改めて気付かされた。しかし、このテーマを概観するのに適切な書籍は、日本語だけでなく英語やフランス語でも存在しなかった（英語ではじめて通史が刊行されたのはごく最近、二〇二二年である）。浅学を省みず、本書執筆の筆を取った所以である。

しかし、相手は二千年以上にわたる歴史である。先達の業績に大きく依存しなければ手も足も出ない。新書という体裁に鑑みて、研究史的な論述は割愛した。また、煩瑣を避けるために出典を本文中にいちいち明記することはせず、巻末に主要参考文献を掲げるにとどめた。既存の研究を利用させていただくにあたり、その真意を損ねていないことを願うばかりである。

この歴史的素描では触れることができなかった事柄があまりにも多いという批判は甘んじて

受けよう。率直にいえば、反逆罪の歴史はこのような小著ではなく、本格的な研究書が執筆されるべきである。しかし、欧米の反逆罪に関する包括的な歴史的研究はまだ端緒についたばかりといってよい。反逆罪の歴史を通覧するこの拙い試みがきっかけとなって、このテーマに着目した本格的研究が今後現れるのであれば望外の幸せである。

とはいえ、この小著を著したのは研究者や学生の便宜に供するためだけではない。反逆罪は一見したところ現代自由主義世界にとって過去の遺物にすぎないかもしれないが、実のところ、反逆罪のメタファーを通じた政治的レトリックで命脈を保っている。政治的に敵対する人々を反逆罪に問おうとする熱情は、本書の論述から明らかなように情け容赦のない残忍なものであるが、それは今日もなお少なからぬ人々の心に息づいているのである。そうした政治的感情の歴史的由来についていくばくかでも明らかにできたのであれば、本書の目的は達せられたことになろう。

本書の構想段階では、二〇二〇年一〇月二四日に慶應義塾大学法学部政治学大学院のオンライン・セミナーで報告する機会をいただいた。ご招待くださった田上雅徳先生をはじめ、ご参加いただいた大久保健晴、重田園江、堤林剣、山岡龍一の諸先生と大学院生の方々には数々の貴重なコメントを賜ったことを攻めて御礼申し上げる。本書の執筆が本格化するのと並行して、オタゴ大学で本書の原案を講義したところ、授業後の学生との会話に手応えを感じることがしばしばだった。熱心に受講された諸氏に感謝の意を表したい。

オタゴ大学中央図書館のスタッフには資料面で大変お世話になった。また、ニュージーランドで入手困難な日本語資料を入手する上で、鶴田桂子氏にご助力を賜ったことに改めて御礼申し上げたい。

本書の企画成立から綿密な編集作業を経て刊行に至るまで岩波新書編集長の中山永基氏にご尽力いただいた。記して深く感謝申し上げる次第である。

最後に、私事で恐縮であるが、私の研究内容について絶えず討論の相手になってもらっている妻のドナ・ヘンドリーと、筆者をいつも応援してくれている母・将基面宏子に衷心より感謝の意を記しておきたい。

二〇二四年九月　マカンドルー・ベイの自宅にて

将基面貴巳

岩波新書/最新刊から

2032 ルポ フィリピンの民主主義
―ピープルパワー革命からの40年―
柴田直治 著

アジアや東欧の民主化の先駆けとなった革命から約40年。独裁者の息子が大統領となったいま、フィリピンの民主主義の姿とは。

2033 フェイクニュースを哲学する
―何を信じるべきか―
山田圭一 著

他人の話やニュース、そして政治家の発言も……。私は何を信じたらいいのか。「真理を多く誤りを少なく」知るための哲学の挑戦。

2034 学力喪失
―認知科学による回復への道筋―
今井むつみ 著

子どもたちが本来の「学ぶ力」を学校で発揮できないのはなぜか。躓きの原因を認知科学の知見から解明し、回復への希望をひらく。

2035 アルベール・カミュ
―生きることへの愛―
三野博司 著

世界の美しさと、人間の苦しみと――「不条理」の先に作家は何を見ていたのか？『異邦人』『ペスト』などの作品群をよみとく。

2036 論理的思考とは何か
渡邉雅子 著

論理的思考の方法は世界共通でも不変でもない。思考する目的に合った思考法を選ぶ技術が要る。論理的思考の常識を破る一冊。

2037 抱え込まない子育て
―発達行動学からみる親子の葛藤―
根ヶ山光一 著

対立や衝突を繰り返しながらも、親も子も育つ調和した関係をどう築くか。動物の行動との比較から探る「ほどほど」の親子関係。

2038 象徴天皇の実像
「昭和天皇拝謁記」を読む
原武史 著

昭和天皇とその側近たちとの詳細なやり取りを記録した「昭和天皇拝謁記」。貴重な史料から浮かび上がってくる等身大の姿とは。

2039 昭和問答
田中優子
松岡正剛 著

なぜ私達は競争から降りられないのか、国にとっての独立・自立、そして人間にとっての自立とは何か。昭和を知るための本も紹介。

(2024. 11)

岩波新書より

[illegible]　[illegible]
四字熟語の中国史◆　冨谷　至
李　鴻　章　岡本隆司
新しい世界史へ　羽田　正
パリ　都市統治の近代　喜安　朗
ウィーン　都市の近代　田口　晃
空爆の歴史　荒井信一
紫　禁　城　入江曜子
ジャガイモのきた道　山本紀夫
フランス史10講　柴田三千雄
奇人と異才の中国史　井波律子
ドイツ史10講　坂井榮八郎
ニューヨーク◆　亀井俊介
離散するユダヤ人　小岸　昭
現代史を学ぶ　溪内　謙
アメリカ黒人の歴史〔新版〕　本田創造
文化大革命と現代中国　安藤正士・太田勝洪・辻康吾
フットボールの社会史　F・P・マグーンJr　忍足欣四郎訳

千年　渡辺金一
ペスト大流行　村上陽一郎
ピープス氏の秘められた日記　臼田　昭
中世ローマ帝国　渡辺金一
モ　ロ　ッ　コ　山田吉彦
シベリアに憑かれた人々　加藤九祚
インカ帝国◆　泉　靖一
中国の隠者　富士正晴
漢の武帝◆　吉川幸次郎
孔　　子　貝塚茂樹
中国の歴史　上・中・下◆　貝塚茂樹
アリストテレスとアメリカ・インディアン　L・ハンケ　佐々木昭夫訳
フランス革命小史◆　河野健二
魔女狩り　森島恒雄
風土と歴史◆　飯沼二郎
ヨーロッパとは何か　増田四郎
世界史概観　上・下　H・G・ウェルズ　長谷部文雄・阿部知二訳

歴史の進歩とはなにか◆　市井三郎
歴史とは何か　E・H・カー　清水幾太郎訳
フランス　ルネサンス断章　渡辺一夫
チ　ベ　ッ　ト　多田等観
奉天三十年　上・下　クリスティー　矢内原忠雄訳
ドイツ戦歿学生の手紙　ヴィットコップ編　高橋健二訳
アラビアのロレンス〔改訂版〕◆　中野好夫

シリーズ 中国の歴史

中華の成立　唐代まで　渡辺信一郎
江南の発展　南宋まで　丸橋充拓
草原の制覇　大モンゴルまで　古松崇志
陸海の交錯　明朝の興亡　檀上　寛
「中国」の形成　現代への展望　岡本隆司

シリーズ 中国近現代史

清朝と近代世界　19世紀　吉澤誠一郎

岩波新書より

世界史

魔女狩りのヨーロッパ史　池上俊一
ジェンダー史10講　姫岡とし子
暴力とポピュリズムのアメリカ史　中野博文
感染症の歴史学　飯島渉
ヨーロッパ史 拡大と統合の力学　大月康弘
アマゾン五〇〇〇年　丸山浩明
ハイチ革命の世界史　浜忠雄
軍と兵士のローマ帝国　井上文則
西洋書物史への扉　髙宮利行
「音楽の都」ウィーンの誕生　ジェラルド・グローマー
マルクス・アウレリウス『自省録』のローマ帝国　南川高志
古代ギリシアの民主政　橋場弦
曾国藩 「英雄」と中国史　岡本隆司
人種主義の歴史　平野千果子
スポーツからみる東アジア史　高嶋航

スペイン史10講　立石博高
ヒトラー　芝健介
ユーゴスラヴィア現代史〔新版〕　柴宜弘
東南アジア史10講　古田元夫
チャリティの帝国　金澤周作
太平天国　菊池秀明
ドイツ統一　アンドレアス・レダー 板橋拓己訳
人口の中国史　上田信
カエサル　小池和子
世界遺産　中村俊介
奴隷船の世界史　布留川正博
独ソ戦 絶滅戦争の惨禍　大木毅
イタリア史10講　北村暁夫
フランス現代史　小田中直樹
移民国家アメリカの歴史　貴堂嘉之
フィレンツェ　池上俊一
マーティン・ルーサー・キング　黒﨑真

ガンディー 平和を紡ぐ人　竹中千春
イギリス現代史　長谷川貴彦
ロシア革命 破局の8か月　池田嘉郎
天下と天朝の中国史　檀上寛
孫文　深町英夫
古代東アジアの女帝　入江曜子
新・韓国現代史　文京洙
ガリレオ裁判　田中一郎
人間・始皇帝　鶴間和幸
袁世凱　岡本隆司
二〇世紀の歴史　木畑洋一
イギリス史10講　近藤和彦
植民地朝鮮と日本　趙景達
シルクロードの古代都市　加藤九祚
中華人民共和国史〔新版〕　天児慧
物語 朝鮮王朝の滅亡◆　金重明
新・ローマ帝国衰亡史　南川高志
近代朝鮮と日本　趙景達
マヤ文明　青山和夫

岩波新書より

政治

- 検証 政治とカネ　上脇博之
- ケアの倫理　岡野八代
- さらば、男性政治　三浦まり
- 日米地位協定の現場を行く　山本章子・宮城裕也
- 職業としての官僚　嶋田博子
- 学問と政治 学術会議任命拒否問題とは何か　芦名定道・宇野重規・岡田正則・小沢隆一・加藤陽子・松宮孝明
- 検証 政治改革 なぜ劣化を招いたのか　川上高志
- 政治責任 民主主義とのつき合い方　鵜飼健史
- 人権と国家　筒井清輝
- 「オピニオン」の政治思想史　堤林剣・堤林恵
- 戦後政治史〔第四版〕　石川真澄・山口二郎
- 尊厳　マイケル・ローゼン　内尾太一・峯陽一訳
- デモクラシーの整理法　空井護
- SDGs　南博・稲場雅紀
- 暴君　スティーブン・グリーンブラット　河合祥一郎訳
- ドキュメント 強権の経済政策　軽部謙介
- リベラル・デモクラシーの現在　樋口陽一
- 民主主義は終わるのか　山口二郎
- 女性のいない民主主義　前田健太郎
- 平成の終焉　原武史
- 日米安保体制史　吉次公介
- 官僚たちのアベノミクス　軽部謙介
- 在日米軍 変貌する日米安保体制　梅林宏道
- 矢内原忠雄 戦争と知識人の使命　赤江達也
- 憲法改正とは何だろうか　高見勝利
- 共生保障〈支え合い〉の戦略　宮本太郎
- シルバー・デモクラシー 戦後世代の覚悟と責任◆　寺島実郎
- 憲法と政治　青井未帆
- 1…歳か…の民主主義◆　…編集部編
- 検証 安倍イズム　柿崎明二
- 右傾化する日本政治　中野晃一
- 外交ドキュメント 歴史認識◆　服部龍二
- 日米〈核〉同盟 原爆、核の傘、フクシマ　太田昌克
- 集団的自衛権と安全保障　豊下楢彦・古関彰一
- 日本は戦争をするのか　半田滋
- アジア力の世紀　進藤榮一
- 民族紛争　月村太郎
- 政治的思考　杉田敦
- 現代日本の政党デモクラシー　中北浩爾
- サイバー時代の戦争◆　谷口長世
- 現代中国の政治◆　唐亮
- 政権交代とは何だったのか◆　山口二郎
- 日本の国会　大山礼子
- 戦後政治史〔第三版〕　石川真澄・山口二郎
- 〈私〉時代のデモクラシー　宇野重規

岩波新書新赤版一〇〇〇点に際して

　ひとつの時代が終わったと言われて久しい。だが、その先にいかなる時代を展望するのか、私たちはその輪郭すら描きえていない。二〇世紀から持ち越した課題の多くは、未だ解決の緒を見つけることのできないままであり、二一世紀が新たに招きよせた問題も少なくない。グローバル資本主義の浸透、憎悪の連鎖、暴力の応酬——世界は混沌として深い不安の只中にある。

　現代社会においては変化が常態となり、速さと新しさに絶対的な価値が与えられた。消費社会の深化と情報技術の革命は、種々の境界を無くし、人々の生活やコミュニケーションの様式を根底から変容させてきた。ライフスタイルは多様化し、一面では個人の生き方をそれぞれが選びとる時代が始まっている。同時に、新たな格差が生まれ、様々な次元での亀裂や分断が深まっている。社会や歴史に対する意識が揺らぎ、普遍的な理念に対する根本的な懐疑や、現実を変えることへの無力感がひそかに根を張りつつある。そして生きることに誰もが困難を覚える時代が到来している。

　しかし、日常生活のそれぞれの場で、自由と民主主義を獲得し実践することを通じて、私たち自身がそうした閉塞を乗り超え、希望の時代の幕開けを告げてゆくことは不可能ではあるまい。そのために、いま求められていること——それは、個と個の間で開かれた対話を積み重ねながら、人間らしく生きることの条件について一人ひとりが粘り強く思考することではないか。その営みの糧となるものが、教養に外ならないと私たちは考える。歴史とは何か、よく生きるとはいかなることか、世界そして人間はどこへ向かうべきなのか——こうした根源的な問いとの格闘が、文化と知の厚みを作り出し、個人と社会を支える基盤としての教養となった。まさにそのような教養への道案内こそ、岩波新書が創刊以来、追求してきたことである。

　岩波新書は、日中戦争下の一九三八年一一月に赤版として創刊された。創刊の辞は、道義の精神に則らない日本の行動を憂慮し、批判的精神と良心的行動の欠如を戒めつつ、現代人の現代的教養を刊行の目的とする、と謳っている。以後、青版、黄版、新赤版と装いを改めながら、合計二五〇〇点余りを世に問うてきた。そして、いままた新赤版が一〇〇〇点を迎えたのを機に、人間の理性と良心への信頼を再確認し、それに裏打ちされた文化を培っていく決意を込めて、新しい装丁のもとに再出発したいと思う。一冊一冊から吹き出す新風が一人でも多くの読者の許に届くこと、そして希望ある時代への想像力を豊かにかき立てることを切に願う。

（二〇〇六年四月）

将基面貴巳

1967年生．慶應義塾大学法学部政治学科卒業．シェフィールド大学大学院歴史学博士課程修了(Ph.D.)
現在―オタゴ大学人文学部歴史学教授
専攻―政治思想史
著書―『反「暴君」の思想史』(平凡社新書)，『ヨーロッパ政治思想の誕生』(名古屋大学出版会．サントリー学芸賞受賞)，『言論抑圧』(中公新書)，『愛国の構造』(岩波書店)，『日本国民のための愛国の教科書』(百万年書房)，『従順さのどこがいけないのか』(ちくまプリマー新書)，『愛国の起源』(ちくま新書)ほか

反逆罪―近代国家成立の裏面史　　岩波新書(新赤版)2040

2024年11月20日　第1刷発行

著　者　将基面《しょうぎめん》 貴巳《たかし》

発行者　坂本政謙

発行所　株式会社 岩波書店
〒101-8002 東京都千代田区一ツ橋2-5-5
案内 03-5210-4000　営業部 03-5210-4111
https://www.iwanami.co.jp/

新書編集部 03-5210-4054
https://www.iwanami.co.jp/sin/

印刷・三陽社　カバー・半七印刷　製本・中永製本

ISBN 978-4-00-432040-1　　Printed in Japan

参考文献

一次資料(欧州語)

イングランド(およびブリテン)の制定法は以下を参照した.

Parliament Rolls of Medieval England, eds. Chris Given-Wilson et al.(Boydell & Brewer, 2005)オンラインで利用可能(http://www.british-history.ac.uk/no-series/parliament-rolls-medieval)

Pickering, D., *Statutes at Large, Magna Carta to 1806*, 46 vols.(Joseph Bentham, 1762–1807)

Blackstone, William, *Commentaries on the Laws of England*(John Exshaw et al., 1765–69); https://avalon.law.yale.edu/subject_menus/blackstone.asp#intro

Bodin, Jean, *Les six livres de la républiqne*(Jacques du Puis, 1583)

Bohier, Nicolas, *Preclarus et elegans Tractatus de seditionis*(Geoffroy de Marnef, 1515)

Church, William, ed., *The Impact of Absolutism in France: National Experience under Richelieu, Mazarin, and Louis XIV*(John Wiley, 1969)

Coke, Sir Edward, *The Third Part of the Institutes of the Laws of England: Concerning High Treason, and other Pleas of the Crown, and Criminal Causes*, fourth edition(John Streater et al., 1670)

Cowell, John, *The Interpreter*(John Legate, 1607)

Furetière, Antoine, *Dictionnaire universel*(Arnout et Reinier Leers, 1690)

Goodman, Christopher, *How Superior Powers Ought To Be Obeyed of Their Subjects*(John Crispin, 1558)

Hobbes, Thomas, *De Cive, The Latin Version*, ed. Howard Warrender(Clarendon Press, 1983)

——, *Leviathan*, ed. Richard Tuck(Cambridge University Press, 1991)

——, *On the Citizen*, eds. Richard Tuck and Michael Silverthorne(Cambridge University Press, 1997)

John of Salisbury, *Policraticus*, ed. C. C. J. Web, 2 vols.(Oxford, 1909)

——, *Policraticus*, trans. Cary J. Nederman(Cambridge University Press, 1990)

Kelly, Henry Ansgar et al. eds., *Thomas More's Trial by Jury: A Procedu-*

ral and Legal Review with a Collection of Documents（Boydell & Brewer, 2011）
Lawson, George, *Politica Sacra et Civilis*, ed. Conal Condren（Cambridge University Press, 1992）
Le Bret, Cardin, *De la souveraineté du roy*（Jacques Quesnel, 1632）
Locke, John, *Locke on Money*, ed. Patrick Hyde Kelly, 2 vols.（Clarendon Press, 1991）
Milton, John, *Political Writings*, ed. Martin Dzelzainis（Cambridge University Press, 1991）
Morgues, Mathieu de, 'La tres-humble, tres-veritable, & tres-importante Remonstrance au Roy', in *Diverses pieces pour la defense de la royne mere du roy tres-Chrestien Louys XIII*（L'imprimerie Plantinienne, 1637）, pp. 1–98.
Pange, François de, 'Observations sur le crime lèse-nation', in *Œuvres de François de Pange (1789–1796)*, ed. Louis Becq de Fouquières（Paris, 1872）, pp. 143–163.
Philippe de Beaumanoir, *The* Coutumes de Beauvaisis *of Philippe de Beaumanoir*, trans. F. R. P. Akehurst（University of Pennsylvania Press, 1992）
Thomas Aquinas, *Summa theologiae*, 60 vols.（Blackfriars, 1964–76）
Watson, Alan, ed., *The Digest of Justinian*, vol. 4（University of Pennsylvania Press, 2009）

一次資料（日本語）

翻訳作品を直接引用する際，訳文に手を入れた場合は，本文中に注記した．
オウィディウス『祭暦』高橋宏幸訳（国文社，1994年）
サルスティウス『ユグルタ戦争・カティリーナの陰謀』栗田伸子訳（岩波文庫，2019年）
シェイクスピア『リチャード三世』松岡和子訳（ちくま文庫，1999年）
――『ヘンリー六世　全三部』松岡和子訳（ちくま文庫，2009年）
――『リチャード二世』松岡和子訳（ちくま文庫，2015年）
タキトゥス『ゲルマーニア』泉井久之助訳註（岩波文庫，1979年）
――『年代記』全二巻，国原吉之助訳（岩波文庫，1981年）
ダンテ『神曲』地獄篇，平川祐弘訳（河出文庫，2008年）

ベッカリーア『犯罪と刑罰』風早八十二・五十嵐二葉訳(岩波文庫, 1938年)
ペトラルカ『ルネサンス書簡集』近藤恒一編訳(岩波文庫, 1989年)
ホッブズ『リヴァイアサン』全四巻, 水田洋訳(岩波文庫, 1992年)
——『市民論』本田裕志訳(京都大学学術出版会, 2008年)
——『ビヒモス』山田園子訳(岩波文庫, 2014年)
マキァヴェッリ『ディスコルシ—「ローマ史」論』永井三明訳(ちくま学芸文庫, 2011年)
メルシエ『十八世紀パリ生活誌』全二巻, 原宏編訳(岩波文庫, 1989年)
モンテスキュー『法の精神』全三巻, 野田良之他訳(岩波文庫, 1989年)
リウィウス『ローマ建国以来の歴史』第一巻, 岩谷智訳(京都大学学術出版会, 2008年)
三島由紀夫「英霊の聲」『F104』(河出文庫, 1981年)所収

二次資料(欧州語)

Barber, Peter, "England I: Pageantry, Defense, and Government: Maps at Court to 1550," *Monarchs, Ministers, and Maps: The Emergence of Cartography as a Tool of Government in Early Modern Europe*, ed. David Buisseret (University of Chicago Press, 1992), pp. 26–56.
——, "England II: Monarchs, Ministers, and Maps, 1550–1625," *Monarchs, Ministers, and Maps:*, ed. Buisseret, pp. 57–98.
Bauman, Richard A., *The* Crimen Maiestatis *in the Roman Republic and Augustan Principate* (Witwatersrand University Press, 1967)
Bell, David A., *The Cult of the Nation in France: Inventing Nationalism, 1680–1800* (Harvard University Press, 2003)
Bellamy, John, *The Law of Treason in England in the Later Middle Ages* (Cambridge University Press, 1970)
——, *The Tudor Law of Treason* (Routledge, 1979)
Benton, Lauren A., *A Search for Sovereignty: Law and Geography in European Empires, 1400–1900* (Cambridge University Press, 2010)
Bird, Wendell, *The Revolution in Freedoms of Press and Speech* (Oxford University Press, 2020).
Blanchard, Joël, *Commynes et les procès politiques de Louis XI: Du nouveau sur la lèse-majesté* (Éditions A. et J. Picard, 2008)

Bodet, Gerald P., "Sir Edward Coke's Third Institutes: A Primer for Treason Defendants," *The University of Toronto Law Journal* 20. 4 (1970): 469–477.

Bossy, John, *Christianity in the West, 1400–1700* (Oxford University Press, 1985)

Braun, Harald E., *Juan de Mariana and Early Modern Spanish Political Thought* (Routledge, 2007)

Brunner, Otto, Land *and Lordship: Structures of Governance in Medieval Austria*, trans. Howard Kaminsky and James Van Horn Melton (University of Pennsylvania Press, 1984)

Buisseret, David, "Introduction," *Monarchs, Ministers, and Maps: The Emergence of Cartography as a Tool of Government in Early Modern Europe*, ed. D. Buisseret (University of Chicago Press, 1992), pp. 1–4.

——, "Monarchs, Ministers, and Maps in France before the Accession of Louis XIV," *Monarchs, Ministers, and Maps*, ed. Buisseret, pp. 99–123.

Burgess, Glenn, "Regicide: The Execution of Charles I and English Political Thought," *Murder and Monarchy: Regicide in European History, 1300–1800*, ed. Robert von Friedeburg (Palgrave, 2004), pp. 212–236.

Burwick, Frederick, "The Language of High Treason: Thomas Hardy, John Horne Tooke, and the Edinburgh Seven," *Huntingdon Library Quarterly* 63. 3 (2000): 263–275.

Chiffoleau, Jacques, "Sur le crime de lèse-majesté mediéval," *Genèse de l'État moderne en Méditerranée* (École française de Rome, 1993), pp. 183–213.

Chrimes, S. B., *English Constitutional Ideas in the Fifteenth Century* (Cambridge University Press, 1936)

Church, William Farr, *Richelieu and Reason of State* (Princeton University Press, 1972).

Conley, Tom, *The Self-Made Map: Cartographic Writing in Early Modern France* (University of Minnesota Press, 1996)

Cowan, Brian, and Scott Sowerby, eds., *The State Trials and the Politics of Justice in Later Stuart England* (Cambridge University Press, 2021)

Cowan, Edward J., *The Wallace Book* (John Donald, 2007)

Cressy, David, *Dangerous Talk: Scandalous, Seditious, and Treasonable*

Speech in Pre-Modern England (Oxford University Press, 2010)
Cunningham, Karen, *Imaginary Betrayals: Subjectivity and the Discourses of Treason in Early Modern England* (University of Pennsylvania Press, 2002)
Cuttler, S. H., *The Law of Treason and Treason Trials in Later Medieval France* (Cambridge University Press, 1981)
Day, Chris, Daniel Gosling, Neil Johnston, and Euan Roger, *A History of Treason: The Bloody History of Britain Through the Stories of Its Most Notorious Traitors* (John Blake Publishing, 2022)
Donagan, Barbara, "Atrocity, War Crime, and Treason in the English Civil War," *The American Historical Review* 99. 4 (1994): 1137–1166.
Elden, Stuart, *The Birth of Territory* (University of Chicago Press, 2013)
Elton, G. R., "The Law of Treason in the Early Reformation," *The Historical Journal* 11. 2 (1968): 211–236.
——, *Policy and Police: The Enforcement of the Reformation in the Age of Thomas Cromwell* (Cambridge University Press, 1972)
Forrest, Ian, *The Detection of Heresy in Late Medieval England* (Oxford University Press, 2005).
Franz, Margaret, "Legal Rhetoric and the Ambiguous Shape of the King's Two Bodies in *Calvin's Case* (1608)," *Advances in the History of Rhetoric* 20 (2017): 262–284.
Gatrell, V. A. C., *The Hanging Tree: Execution and the English People 1770–1868* (Oxford University Press, 1994)
Giesey, Ralph E., et al., "Cardin Le Bret and Lese Majesty," *Law and History Review* 4. 1 (1986): 23–54.
Gordon, Daniel, *Citizens without Sovereignty: Equality and Sociability in French Thought, 1670–1789* (Princeton University Press, 1994)
Graham, Lisa Jane, *If the King Only Knew: Seditious Speech in the Reign of Louis XV* (University of Virginia Press, 2000)
Greengrass, Mark (with Dénes Harai), "The Several Faces of Sedition," *Sedition: The Spread of Controversial Literature and Ideas in France and Scotland, c. 1550–1610*, eds. John O'Brien and Marc Schachter (Brepols, 2021), pp. 291–308.
Grummitt, David, *A Short History of the Wars of the Roses* (I. B. Tauris, 2014)
Gutnick Allen, Signy, "Thomas Hobbes's Theory of Crime and Punish-

ment," PhD dissertation (Queen Mary University of London, 2016)
Guy, John, *Thomas More: A Very Brief History* (SPCK, 2017)
Harries, Jill, *Law and Crime in the Roman World* (Cambridge University Press, 2007)
Hast, Adele, "State Treason Trials during the Puritan Revolution, 1640–1660," *The Historical Journal* 15. 1 (1972): 37–53.
Helgerson, Richard, *Forms of Nationhood: The Elizabethan Writing of England* (University of Chicago Press, 1992)
Holmes, Peter, *Resistance and Compromise: The Political Thought of the Elizabethan Catholics* (Cambridge University Press, 1982)
Houliston, Victor, *Catholic Resistance in Elizabethan England: Robert Persons's Jesuit Polemic, 1580–1610* (Ashgate, 2007)
Jager, Eric, *The Last Duel: A True Story of Crime, Scandal, and Trial by Combat in Medieval France* (Broadway Books, 2004)
Jones, Michael, "'Bons Bretons et Bons Francoys': The Language and Meaning of Treason in Later Medieval France," *Transactions of the Royal Historical Society* 32 (1982): 91–112.
Kapust, Daniel J., "The Case of Cremutius Cordus: Tacitus on Censorship and Writing under Despotic Rulers," *Censorship Moments: Reading Texts in the History of Censorship and Freedom of Expression*, ed. Geoff Kemp (Bloomsbury, 2015), pp. 17–23.
Keen, M. H., *The Laws of War in the Late Middle Ages* (Routledge, 1965)
Kelly, G. A., "From Lèse-Majesté to Lèse-Nation: Treason in Eighteenth-Century France," *Journal of the History of Ideas* 42. 2 (1981): 269–286.
Knecht, Robert, *Richelieu* (Longman, 1991)
Krynen, Jacques, *L'Empire du roi: Idées et croyances politiques en France XIIIe–XVe siècle* (Gallimard, 1993)
Lander, J. R., "Attainder and Forfeiture, 1453 to 1509," *The Historical Journal* 4. 2 (1961): 119–151.
Langbein, John H., *The Origins of Adversary Criminal Trial* (Oxford University Press, 2005)
Larkin, Hilary, *The Making of Englishmen: Debates on National Identity 1550–1650* (Brill, 2014)
Larson, Carlton F. W., *The Trials of Allegiance: Treason, Juries, and the*

American Revolution(Oxford University Press, 2019)
——, *On Treason: A Citizen's Guide to the Law*(Ecco, 2020)
Lear, Floyd Seyward, *Treason in Roman and Germanic Law: Collected Papers*(University of Texas Press, 1965)
Lemon, Rebecca, *Treason by Words: Literature, Law, and Rebellion in Shakespeare's England*(Cornell University Press, 2006)
Lobban, Michael, "Treason, Sedition and the Radical Movement in the Age of the French Revolution," *Liverpool Law Review* 22(2000): 205–234.
Loewenstein, David, "Heresy and Treason," *Cultural Reformations: Medieval and Renaissance in Literary History*, eds. James Simpson and Brian Cummings(Oxford University Press, 2015), pp. 264–286.
Mackie, Nicola, "Ovid and the Birth of Maiestas," *Roman Poetry and Propaganda in the Age of Augustus*, ed. Anton Powell(Bristol Classical Press, 1992), pp. 83–97.
Manning, Roger, B., "The Origins of the Doctrine of Sedition," *Albion* 12. 2(1980): 99–121.
Margalit, Avishai, *On Betrayal*(Harvard University Press, 2017)
McGowen, Randall, "From Pillory to Gallows: The Punishment of Forgery in the Age of the Financial Revolution," *Past & Present* 165. 1(1999): 107–140.
Moote, A. Lloyd, *Louis XIII: The Just*(University of California Press, 1989)
Morgan, Victor, "The Cartographic Image of 'the Country' in Early Modern England," *Transactions of the Royal Historical Society* 29 (1979): 129–154.
Mousnier, Roland, *The Assassination of Henry IV*, trans. Joan Spencer (Charles Scribner's Sons, 1964)
Neville, C. J., "The Law of Treason in the English Border Countries in the Later Middle Ages," *Law and History Review* 9. 1(1991): 1–30.
Nichols, Jackson M., et al., "Bill of Attainder: Old Wine in New Bottles," *North Carolina Central Law Review* 36. 2(2014): 278–294.
Orr, D. Alan, *Treason and the State: Law, Politics and Ideology in the English Civil War*(Cambridge University Press, 2002)
Parrow, Kathleen A., "Neither Treason nor Heresy: Use of Defense Arguments to Avoid Forfeiture during the French Wars of Religion,"

The Sixteenth Century Journal 22. 4 (1991): 705–716.

——, "From Defense to Resistance: Justification of Violence during the French Wars of Religion," *Transactions of the American Philosophical Society* 83. 6 (1993): 1–79.

Patten, Jonathan K. van, "Magic, Prophecy, and the Law of Treason in Reformation England," *The American Journal of Legal History* 27. 1 (1983): 1–32.

Peters, Edward, *Inquisition* (University of California Press, 1989)

Phifer, James R., "Law, Politics, and Violence: The Treason Trials Act of 1696," *Albion* 12. 3 (1980): 235–256.

Pollard, A. J., *The Wars of the Roses*, second edn. (Macmillan, 2001)

Pollock, Frederick and Frederic Maitland, *The History of English Law*, vol. 2 (Cambridge University Press, 1895)

Post, Gaines, *Studies in Medieval Legal Thought: Public Law and the State, 1100–1322* (Princeton University Press, 1964)

Price, Polly J., "Natural Law and Birthright Citizenship in *Calvin's Case* (1608)," *Yale Journal of Law and the Humanities* 9 (1997): 73–145.

Ranum, Orest, "Courtesy, Absolutism, and the Rise of the French State, 1630–1660," *Journal of Modern History* 52. 3 (1980): 426–451.

——, *Tyranny from Ancient Greece to Renaissance France* (Palgrave Macmillan, 2020)

Rodrigues, Á., "Roman *Maiestas*: Becoming Imperial, Staying Republican," *Roman Identity: Between Ideal and Performance*, eds. L. R. Lanzillotta et al. (Brepols, 2022), pp. 335–369.

Smith, Lacey Baldwin, *Treason in Tudor England* (Princeton University Press, 1986)

Steffen, Lisa, *Defining a British State: Treason and National Identity, 1608–1820* (Palgrave, 2001)

Sullivan, Vickie B., "Against the Despotism of a Republic: Montesquieu's Correction of Machiavelli in the Name of the Security of the Individual," *History of Political Thought* 27. 2 (2006): 263–289.

Sunderland, Luke, *Rebel Barons: Resisting Royal Power in Medieval Culture* (Oxford University Press, 2017)

Taunton, Nina and Valerie Hart, "'King Lear', King James and the Gunpower Treason of 1605," *Renaissance Studies* 17. 4 (2003): 695–715.

Thornley, Isobel D., "Treason by Words in the Fifteenth Century," *En-*

glish Historical Review 32. 128(1917): 556–561.
Tracy, Larissa, ed., *Treason: Medieval and Early Modern Adultery, Betrayal, and Shame*(Brill, 2019)
Ullmann, Walter, *Principles of Government and Politics in the Middle Ages*(Methuen, 1961)
——, 'The Bible and Principles of Government in the Middle Ages', *La Bibbia nell'alto medioevo*(Presse la Sede del Centro, 1963), pp. 181–227.
——, "The Significance of Innocent III's Decretal *Vergentis*," *Études d'histoire du droit canonique dédiées à Gabriel Le Bras*, 1(Sirey, 1965), pp. 729–741.
Van Kley, Dale K., *The Damien Affair and the Unraveling of the Ancien Régime, 1750–1770*(Princeton University Press, 1984)
Walshaw, Jill, "Counterfeiting in 18th-Century France: Political Rhetoric and Social Realities," *Proceedings of the Western Society for French History* 40(2012): 45–57.
Walton, G. Charles, *Policing Public Opinion in the French Revolution: The Culture of Calumny and the Problem of Free Speech*(Oxford University Press, 2009)
Walzer, Michael, ed., *Regicide and Revolution: Speeches at the Trial of Louis XVI*(Columbia University Press, 1992)
Wennerlind, Carl, "The Death Penalty as Monetary Policy: The Practice and Punishment of Monetary Crime, 1690–1830," *History of Political Economy* 36. 1(2004): 131–161.
Westerhof, Danielle, *Death and the Noble Body in Medieval England*(Boydell & Brewer, 2008)
Young, Francis, *Magic as a Political Crime in Medieval and Early Modern England*(I. B. Tauris, 2018)
Youngs, Frederic A., Jr., "Definitions of Treason in an Elizabethan Proclamation," *The Historical Journal* 14. 4(1971): 675–691.

二次資料(日本語)

カー，ジョン・ディクスン『エドマンド・ゴドフリー卿殺害事件』岡照雄訳(国書刊行会，1991 年)
カルモナ，ミシェル『マリ・ド・メディシス　母と息子の骨肉の争い』辻谷泰志訳(国書刊行会，2020 年)

参考文献

カントーロヴィチ，エルンスト・H.『王の二つの身体』小林公訳(平凡社，1992年)
キング，エドマンド『中世のイギリス』吉武憲司監訳(慶應義塾大学出版会，2006年)
コザンデ，ファニー，ロベール・デシモン『フランス絶対主義　歴史と史学史』フランス絶対主義研究会訳(岩波書店，2021年)
タケット，ティモシー『王の逃亡　フランス革命を変えた夏』松浦義弘・正岡和恵訳(白水社，2024年)
ダワー，ジョン『増補版　敗北を抱きしめて』全二巻，三浦陽一・高杉忠明訳(岩波書店，2004年)
フーコー，ミシェル『監獄の誕生　監視と処罰』田村俶訳(新潮社，1977年)
フレイザー，アントニア『信仰とテロリズム　1605年火薬陰謀事件』加藤弘和訳(慶應義塾大学出版会，2003年)
ベイカー，J.『イングランド法制史概説』小山貞夫訳(創文社，1975年)
マイヤー，E.『ローマ人の国家と国家思想』鈴木一州訳(岩波書店，1978年)
マンテ，ウルリッヒ『ローマ法の歴史』田中実・瀧澤栄治訳(ミネルヴァ書房，2008年)
安達正勝『死刑執行人サンソン　国王ルイ十六世の首を刎ねた男』(集英社新書，2003年)
新井勉『大逆罪・内乱罪の研究』(批評社，2016年)
勝山貴之『英国地図製作とシェイクスピア演劇』(英宝社，2014年)
苅部直『丸山眞男　リベラリストの肖像』(岩波新書，2006年)
柴田光蔵『ローマ法概説』(玄文社，1979年)
将基面貴巳『愛国の構造』(岩波書店，2019年)
外池昇『天皇陵　「聖域」の歴史学』(講談社学術文庫，2019年)
丸山眞男「忠誠と反逆」『丸山眞男集』第八巻(岩波書店，1996年)所収
宮崎揚弘『フランスの法服貴族　18世紀トゥルーズの社会史』(同文舘，1994年)
渡辺治『天皇制国家の専制的構造』(渡辺治著作集第一巻)(旬報社，2021年)
和田光弘『植民地から建国へ　19世紀初頭まで(シリーズ　アメリカ合衆国史①)』(岩波新書，2019年)